THILO BRANDNER

Gefahrenerkennbarkeit und polizeirechtliche Verhaltensverantwortlichkeit

Schriften zum Umweltrecht

Herausgegeben von Prof. Dr. Michael Kloepfer, Trier

Band 15

Gefahrenerkennbarkeit und polizeirechtliche Verhaltensverantwortlichkeit

Zur Störerverantwortlichkeit insbesondere bei Altlasten

Von

Dr. Thilo Brandner

Duncker & Humblot · Berlin

CIP-Titelaufnahme der Deutschen Bibliothek

Brandner, Thilo:
Gefahrenerkennbarkeit und polizeirechtliche Verhaltensverantwortlichkeit: zur Störerverantwortlichkeit insbesondere bei Altlasten / von Thilo Brandner. – Berlin: Duncker u. Humblot, 1990
(Schriften zum Umweltrecht; Bd. 15)
Zugl.: Trier, Univ., Diss., 1988/89
ISBN 3-428-06808-4
NE: GT

Druck: Alb. Sayffaerth – E. L. Krohn, Berlin 61
Printed in Germany

ISSN 0935-4247
ISBN 3-428-06808-4

Vorwort

Die Sanierung sogenannter Altlasten wird auch in den kommenden Jahren ein erhebliches technisches und finanzielles Problem darstellen. Umso drängender stellt sich die Frage, wer für die Sanierungskosten aufzukommen hat. Die damit verbundenen rechtlichen Fragen müssen zu einem großen Teil anhand des allgemeinen Polizei- und Ordnungsrechts beantwortet werden, das dadurch wieder verstärkt in die Diskussion gerät. Eine dieser Fragen ist die nach dem Einfluß eines sich wandelnden naturwissenschaftlichen Erkenntnisstandes auf die Bestimmung des polizeirechtlichen Verhaltensverantwortlichen. Ist die polizeirechtliche Inanspruchnahme desjenigen rechtlich zulässig, der nach dem seinerzeitigen Erkenntnisstand nicht erkennen konnte, daß sein Verhalten eine Gefahr verursachte? Auf diese Frage versucht die vorliegende Arbeit eine Antwort zu geben und gleichzeitig einen Beitrag zur Diskussion des polizeirechtlichen Verursacherbegriffs zu leisten.

Die für die Drucklegung geringfügig überarbeitete Schrift hat im Wintersemester 1988/89 dem Fachbereich Rechtswissenschaft der Universität Trier als Dissertation vorgelegen. Größten Dank schulde ich meinem verehrten Lehrer, Herrn Prof. Dr. Michael Kloepfer, der mich nicht nur zur Bearbeitung des Themas angeregt und das Entstehen der Arbeit mit stets fördernder Kritik begleitet hat, sondern von dem ich auch als sein wissenschaftlicher Mitarbeiter am Institut für Umwelt- und Technikrecht der Universität Trier in vielfacher Weise Förderung erfahren habe. Herrn Prof. Dr. Rüdiger Breuer danke ich für seine wichtigen Hinweise sowie für die Erstellung des Zweitgutachtens. Schließlich richtet sich mein Dank an die Mitarbeiterinnen und Mitarbeiter des Instituts für Umwelt- und Technikrecht der Universität Trier für ihre freundliche Kollegialität und ihre stetige Diskussionsbereitschaft.

Gewidmet ist diese Arbeit meinen Eltern.

Trier, Mai 1989 — Der Verfasser

Inhaltsverzeichnis

Erster Teil

Restriktionstendenzen bei der polizeirechtlichen Verhaltensverantwortlichkeit

Zweiter Teil

Die Stellung der Gefahrenerkennbarkeit in der polizeirechtlichen Zurechnungsdogmatik

ERSTER TEIL

Restriktionstendenzen bei der polizeirechtlichen Verhaltensverantwortlichkeit

I. Einleitung

1. Von der Unsicherheit der polizeirechtlichen Störerdogmatik

Als sich 1976 die Vereinigung der Deutschen Staatsrechtslehrer zum letzten Mal mit einem polizeirechtlichen Thema befaßte[1], fielen in der Diskussion harsche, ungewöhnlich deutliche Worte über die Qualität der polizeirechtlichen Störerdogmatik. *Selmer*[2] sprach von Topoi, die scheinbare Subsumtionsfähigkeit vorgaukelten und nannte die polizeirechtlichen Zurechnungslehren „Leerformeln", *Bachof*[3] benutzte die gleiche Bezeichnung unter Hinzufügung des Attributes „unbrauchbar" und auch in anderen Diskussionsbeiträgen wurde Kritik laut, die von „zu starr"[4] bis „nicht befriedigend"[5] ging. Ob die Vereinigung heute anders urteilen würde, muß dahin gestellt bleiben, jedenfalls bleibt aber festzuhalten, daß die Probleme um den polizeirechtlichen Verursachungsbegriff durchaus noch nicht gelöst sind. Insbesondere führen Veränderungen, seien sie gesellschaftlicher, technischer oder anderer Natur, spielen sie sich in der Außenwelt oder im Bewußtsein ab, angesichts der tatbestandlichen Vagheit der polizeilichen Generalklausel zu immer neuen Auslegungsschwierigkeiten.[6]

2. Problemfeld „Altlasten"

Ein Beispiel für diese Feststellung ist die Entdeckung der Altlastenproblematik, die einerseits dem allgemeinen Polizeirecht zu einer „Renaissance"[7] verholfen hat, auf der anderen Seite eine Fülle von Streitfragen hervorgekehrt

---

[1] Der Schutz der Allgemeinheit und der individuellen Rechte durch die polizei- und ordnungsrechtlichen Handlungsvollmachten der Exekutive, VVDStRL 35 (1977), 172 ff.

[2] *Selmer*, Diskussionsbeitrag, VVDStRL 35 (1977), 347, (348).

[3] *Bachof*, Diskussionsbeitrag, VVDStRL 35 (1977), 348, (349).

[4] *Friauf*, Diskussionsbeitrag, VVDStRL 35 (1977), 350.

[5] *Vogel*, Diskussionsbeitrag, VVDStRL 35 (1977), 351.

[6] *Kowalzik*, Der Schutz von privaten und individuellen Rechten im allgemeinen Polizeirecht, S. 2.

[7] *Breuer*, JuS 1986, 359, (360); *Papier*, UTR 1, S. 59 f.

hat, wie man sie angesichts der Tradition des Polizeirechts und dessen wissenschaftlicher Durchdringung nicht erwartet hätte.[8]

a) Begriff

Angesichts dieser Feststellung erscheint es angebracht, den als „vieldeutig“[9] oder auch „schillernd“[10] apostrophierten Begriff der „Altlasten“ kurz zu beleuchten, der nach seiner Verwendung in der technischen und rechtswissenschaftlichen Diskussion auch in die Gesetzessprache Einzug zu halten beginnt.[11] Als Altlasten bezeichnet werden verlassene und stillgelegte Ablagerungsplätze mit kommunalen und gewerblichen Abfällen (sog. Altablagerungen), wilde Ablagerungen, Aufhaldungen und Verfüllungen mit Produktionsrückständen, Bergematerial und Bauschutt, ebenso wie ehemalige Industriestandorte sowie korrodierte Leitungssysteme und defekte Abwasserkanäle, abgelagerte Kampfstoffe, unsachgemäß gelagerte Gefahrstoffe und andere Bodenverunreinigungen, derer aller gemeinsames Merkmal es ist, daß sie Umweltbeeinträchtigungen insbesondere durch den Eintrag von Schadstoffen in Boden und Wasser herbeiführen können.[12] Häufig zur Altlastendefinition herangezogen wird die etwas prägnantere Formulierung in einem Runderlaß des nordrhein-westfälischen Ministers für Ernährung, Landwirtschaft und Forsten: Altlasten sind demnach „Schadstoffanreicherungen in Boden und Grundwasser, die auf umweltgefährdende Nachwirkungen der industriellen Produktion und Nachwirkungen aus beiden Weltkriegen zurückgehen.“[13]

b) Dimension des Problems

Mag über die Definition des Begriffs Altlasten im einzelnen diskutiert werden[14], so dürfte doch unstrittig sein, daß die Sanierung von Altlasten neben den auftretenden technischen Schwierigkeiten[15] ein beträchtliches finanzielles

---

[8] Mit Recht stellt *Kowalzik,* Der Schutz von privaten und individuellen Rechten im allgemeinen Polizeirecht, S. 2 fest, daß die polizeilichen Generalklauseln mit § 14 Abs. 1 PrPVG von 1931 und dem II. Teil, 17. Titel § 10 ALR von 1794 auf eine Rechtstradition zurückblicken können, die ihresgleichen sucht.

[9] *Kloepfer,* UTR 1, S. 18; *ders.,* NuR 1987, 7.

[10] *Breuer,* JuS 1986, 359.

[11] Vgl. § 28 des Entwurfes eines Abfallgesetzes für das Land Nordrhein-Westfalen (Landesabfallgesetz – LAbfG), NW LT-Drs. 10/2613, S. 20 und die dortige Legaldefinition des Begriffs „Altlasten“. Zur verfassungsrechtlichen Beurteilung dieses Entwurfes einerseits *Peine,* NWVBl 1988, 193 ff.; andererseits *Kloepfer / Follmann,* DÖV 1988, 573 ff.

[12] Vgl. die Bodenschutzkonzeption der Bundesregierung, S. 76 ff.; *Storm,* Stichwort: „Altlasten“ in: HdUR Bd. 1, 1986, Sp. 80; *Zeschmar-Lahl,* Sachstand Altlasten, S. 4; ähnlich *Sander,* BauR 1986, 657; ferner *Schink,* DVBl 1985, 1149 f.

[13] MinBl NW 1980, 769.

[14] Vgl. etwa *Keune,* MuA 1985, 384.

Problem darstellt. Dies wird deutlich, wenn man sich vergegenwärtigt, daß derzeit von einer Zahl von 42000 bis 48000[16] Altablagerungen, resp. kontaminierten Standorten ausgegangen wird, von denen etwa 10% als sanierungsbedürftig angesehen werden.[17] Alleine für das Land Nordrhein-Westfalen wird die Anzahl der Altablagerungen mit 10500 angegeben.[18] Die Sanierungskosten werden insgesamt zwischen 15 und 20 Milliarden DM geschätzt.[19] Je nach angewandtem Verfahren betragen die Sanierungskosten für den kontaminierten Boden bei „on-site" Behandlung[20] bis zu DM 1000 pro Tonne, bei „in-situ" Behandlung[21] bis zu DM 800 pro m^3, bei Einkapselungsmaßnahmen bis zu DM 2000 pro m^2.[22] Alleine in Hamburg wurden bis 1984 für die Sanierung von 24 kontaminierten Flächen von Unternehmen und aus öffentlichen Haushaltsmitteln 68 Millionen DM aufgebracht.[23] Für die Sanierung der Deponie Georgswerder hat das Land Hamburg ein Sofortprogramm im Umfang von 33 Millionen DM aufgestellt.[24] Angesichts dieser Zahlen wird verständlich, daß verschiedene Finanzierungsmodelle zum Aufbringen der erforderlichen Mittel im Gespräch sind[25], da Verantwortliche oft nicht mehr existieren oder nicht

---

[15] Zu dieser Seite der Altlastensanierung vgl. etwa *Stegmann,* UTR 1, S. 1, (5 ff.); *Barkowski / Günther / Hinz / Röchert,* Altlasten – Handbuch zur Ermittlung und Abwehr von Gefahren durch kontaminierte Standorte, passim; *Sander,* BauR 1986, 657, (658).

[16] *Staupe,* DVBl 1988, 606, (607).

[17] *Breuer,* NVwZ 1987, 751, (752). Zur Anzahl der Standorte in den einzelnen Bundesländern *Zeschmar-Lahl,* Sachstand Altlasten, S. 5.

[18] NW LT-Drs. 10/2613, S. 49.

[19] *Stegmann,* UTR 1, S. 1, (5); *Wirsig,* F.A.Z. Nr. 80/88, S. 34. Zur Kostendimension vgl. etwa auch „Der Spiegel" 8/1988, S. 84, (85). In den *USA* schwanken die Kostenschätzungen für die Altlastensanierung zwischen 9 - 14, 5 Mrd. $ (Environmental Protection Agency – EPA) und 39 Mrd. $ (General Accounting Office). Das Office of Technology Assessment des Kongresses schätzt den Sanierungsaufwand in den nächsten 50 Jahren auf 100 Mrd. $, wobei von 10000 sanierungsbedürftigen Flächen ausgegangen wird; vgl. *Hajen,* ZfU 1986, 349, (354).

[20] Behandlung der ausgegrabenen kontaminierten Stoffe vor Ort durch thermische, chemische oder mikrobiologische Verfahren, näher *Stegmann,* UTR 1, S. 5; *Barkowski / Günther / Hinz / Röchert,* Altlasten, S. 157 ff.; *Wirsig,* F.A.Z. Nr. 80/88, S. 34.

[21] Physikalische, chemische oder biologische Behandlung der abgelagerten Materialien im Boden selbst („in situ"). Die Verfahrenskonzepte hierzu sind noch kaum oder nicht erprobt; vgl. *Stegmann,* UTR 1, S. 6; *Barkowski / Günther / Hinz / Röchert,* Altlasten, S. 172 ff.; *Wirsig,* F.A.Z. Nr. 80/88, S. 34.

[22] Näher *Sander,* BauR 1986, 657, (659).

[23] *Hajen,* ZfU 1986, 349, (351).

[24] *Schink,* DVBl 1985, 1149, (1150).

[25] Etwa der am 3. 11. 1986 zwischen dem Land Rheinland-Pfalz und verschiedenen Organisationen und Verbänden geschlossene „Grundlagenvertrag" über die Beteiligung an der Altlastensanierung, die in Nordrhein-Westfalen erwogene Einführung einer – für die Altlastensanierung zu verwendenden – Lizenzgebühr für Sonderabfallentsorger; hierzu *Peine,* NWVBl 1988, 193 ff.; *Kloepfer / Follmann,* DÖV 1988, 573 ff., der hamburgische Entwurf einer Zwecksteuer auf bestimmte chemische Grundstoffe; hierzu *Brandt / Lange,* UPR 1987, 11, (16 ff.). Vgl. auch die in verschiedenen Bundesländern erwogenen Modelle einer Fondslösung. Hierzu *Breuer,* NVwZ 1987, 751, (756

mehr ausfindig zu machen sind. Diese Finanzierungsmodelle greifen indes nur als Auffanglösung ein, wenn und soweit rechtlich ein Verursacher nicht zur Kostentragung herangezogen werden kann.[26]

c) Das rechtliche Problem der Verursacherbestimmung

Die Verursacherbestimmung erweist sich freilich in vielfacher Hinsicht als problematisch. Teils hängt dies von tatsächlichen Konstellationen ab, sei es, daß bei wilden Ablagerungen nicht rekonstruiert werden kann, wer sie vorgenommen hat, sei es, daß das verantwortliche Unternehmen nicht mehr existiert und keine Rechtsnachfolger vorhanden sind. Aber auch die Frage, wer Verursacher im Rechtssinne ist, ist problematisch und in vielfacher Weise umstritten. Bei den Altlasten handelt es sich um Ablagerungen, die vor die Zeit des Erlasses spezialgesetzlicher Regelungen, insbesondere des Abfallbeseitigungsgesetzes (AbfG)[27] und des Wasserhaushaltsgesetzes (WHG)[28] zurückdatieren.[29] Die mit der Altlastensanierung verbundenen Rechtsfragen müssen damit im wesentlichen durch das allgemeine Recht der Gefahrenabwehr, das allgemeine Polizei- und Ordnungsrecht gelöst werden.[30] Namentlich richtet sich nach allgemeinem Polizeirecht, wer als Verhaltensverantwortlicher für die Verursachung der von den Ablagerungen ausgehenden Gefahren in Anspruch genommen werden kann. Besteht über diesen Ausgangspunkt noch Einigkeit, so ergeben sich bei der Inanspruchnahme Verantwortlicher aufgrund der polizeirechtlichen Störerbestimmungen zahlreiche sehr umstrittene Rechtsfragen, für die eine abschließende Lösung noch nicht in Sicht ist.

---

ff.). Zur Fondslösung siehe auch die Beiträge der Podiumsdiskussion „Rechtspolitische Lösungen des Altlastenproblems“, UTR 1, S. 183 ff. Zur – außerordentlich strengen – Haftung für Altlasten nach dem US-amerikanischen „Comprehensive Environmental Response, Compensation and Liability Act of 1980“ (CERCLA) *Berz / Moench,* Grundriß des US-Umweltrechtes, S. 54 f.; zum „Superfund“-Modell ausführlich *Hajen,* ZfU 1986, 349 ff.

26 *Breuer,* NVwZ 1987, 751, (757).

27 Vom 7. 6. 1972 – BGBl I S. 873, in Kraft getreten am 11. 6. 1972.

28 Vom 27. 7. 1957 – BGBl I S. 1110, in Kraft getreten am 1. 3. 1960.

29 Nach der Terminologie *Kloepfers,* UTR 1, S. 19 handelt es sich hier um sog. echte Altlasten. Um sog. unechte Altlasten handelt es sich demgegenüber, wenn Ablagerungen sowohl vor, als auch nach dem Inkrafttreten der spezialgesetzlichen Regelungen erfolgten. Kritisch zu dieser zeitlichen Eingrenzung *Keune,* MuA 1985, 384, (386), der darauf abstellt, ob eine Ablagerung eine Gefahr im polizeirechtlichen Sinne darstellt, (dann sei sie eine Altlast) und weiter ausführt, die Errichtung gefährlicher Deponien habe nicht mit dem 11. 6. 1972 aufgehört. Das ist zwar zweifellos zutreffend, doch wird nicht hinreichend berücksichtigt, daß diese neuen Deponien rechtlich anders zu behandeln sind, als die alten.

30 *Kloepfer,* UTR 1, S. 20; *Papier,* Altlasten, S. 13; *ders.,* UTR 1, S. 62; *K. Gerhardt,* BWVPr 1986, 270, (272); *Peine,* UTR 3, S. 218 f.

3. Insbesondere: Das Problem der Gefahrenerkennbarkeit

a) Problemstellung

Eine dieser Fragen ist die nach der Rolle des wissenschaftlichen Erkenntnisstandes zu dem Zeitpunkt, zu dem der Verursachungsbeitrag gesetzt wurde, auf die Bestimmung des Verhaltensverantwortlichen im Polizeirecht. Vielfach galt die heute als unsachgemäß und gefährlich angesehene Abfallablagerung zu dem Zeitpunkt, zu dem sie vorgenommen wurde, nach dem damaligen Stand von Wissenschaft und Technik als ungefährlich; m.a.W., die Abfallgefährlichkeit war nicht nur dem Abfallablagerer unbekannt und unerkennbar, sondern von niemandem zu erkennen. Sie war objektiv unerkennbar. Gleiche Probleme können sich für die Betreiber ehemaliger Produktionsstätten stellen, die nach dem damals geltenden Stand der Technik betrieben wurden, deren Gefährlichkeit für die Umwelt aber erst später durch einen fortgeschrittenen Erkenntnisstand erkennbar geworden ist.

Folgender Fall, der im Jahr 1986 durch das *VG Karlsruhe*[31] und durch den *VGH Mannheim*[32] im Verfahren des vorläufigen Rechtsschutzes entschieden worden ist[33], und der hier verkürzt widergegeben wird, möge das Problem illustrieren:

Die Antragstellerin war ehemalige Betreiberin einer Metallentfettungsanlage, zu deren Betrieb chlorkohlenwasserstoffhaltige Reinigungsmittel (Perchloräthylen) verwendet wurden. Zur Sicherung des Erdreiches und des Grundwassers vor dem Entweichen von Reinigungsmitteln aus der Anlage war der gesamte Hallenboden im Bereich der Anlage mit einem 45 cm dicken Betonboden versiegelt worden. Nachdem unterhalb des Betriebsgeländes Erd- und Grundwasserverunreinigungen durch chlorierte Kohlenwasserstoffe festgestellt worden waren, nahm die zuständige Behörde die Antragstellerin als polizeirechtlich Verhaltensverantwortliche in Anspruch. Hiergegen wandte diese ein, sie habe die Anlage nach dem damals geltenden Stand der Technik und auf der Grundlage von Forschungsergebnissen betrieben, nach denen zu erwarten war, daß der unter der Anlage eingebrachte Betonboden ein Eindringen von gefährlichen Substanzen ausschließen würde. Auch die Handhabung der Chlorkohlenwasserstoffe selbst sei auf der Grundlage des damals bestehenden Erkenntnisstandes erfolgt. Es sei jedoch nicht bekannt gewesen, daß Chlorkohlenwasserstoffe jederzeit in der Lage sind, Beton ungehindert zu durchdringen.

---

[31] *VG Karlsruhe,* Beschl. v. 16. 5. 1986 – 9 K 37/86 – nicht veröffentlicht – Seitenangaben beziehen sich auf den Entscheidungsumdruck.

[32] *VGH Mannheim,* Beschl. v. 11. 9. 1986 – 5 S 2295/86 – nicht veröffentlicht – Seitenangaben beziehen sich auf den Entscheidungsumdruck.

[33] Nach Auskunft von Herrn Richter am VG *Walther,* Karlsruhe, vom 5. 8. 1987 ist in diesem Fall ein gerichtliches Hauptsacheverfahren nicht anhängig geworden.

Die Antragstellerin stellte sich – in beiden Instanzen erfolglos – auf den Standpunkt, sie könne angesichts dieser Konstellation nicht als Verhaltensverantwortliche in Anspruch genommen werden. Sie habe ihr Verhalten so eingerichtet, daß nach dem gegebenen naturwissenschaftlich-technischen Erkenntnis- und Entwicklungsstand eine hinreichende Wahrscheinlichkeit der Schädigung polizeirechtlich geschützter Güter – mithin also eine polizeirechtliche Gefahr[34] – nicht bestanden habe. Mithin habe sie auch die Gefahrgrenze nicht überschritten[35] und sei infolgedessen nicht Störerin.

Damit ist – allgemeiner gesprochen – die Frage nach dem Zusammenhang zwischen Gefahrenerkennbarkeit und polizeirechtlicher Verhaltensverantwortlichkeit angesprochen. Diese Frage wird in der Literatur durchaus unterschiedlich beantwortet. Das Spektrum reicht von einer Bejahung der Polizeipflicht trotz (damaliger) Unerkennbarkeit der Gefahrverursachung[36], über das Äußern von Zweifeln[37] bis hin zu einer Verneinung.[38] Es erscheint daher angezeigt, die Frage einer näheren Untersuchung zu unterziehen.

---

[34] *Papier,* Altlasten, S. 37.

[35] Vgl. *VG Karlsruhe,* Beschl. v. 16. 5. 1986 – 9 K 37/86, S. 18. Ebenso *Papier,* Altlasten, S. 37; *ders.,* UTR 1, S. 70; *ders.,* DVBl 1985, 873, (877); *ders.,* NVwZ 1986, 256, (259); *ders.,* et 1987, 437, (438).

[36] So mit unterschiedlichen Begründungen *Kloepfer,* UTR 1, S. 22 ff.; *ders.,* NuR 1987, 7, (9 ff.); *ders.,* Rechtsprobleme der Altlastensanierung, S. 58 ff.; *Schink,* DVBl 1986, 161, (169); *Kothe,* ZRP 1987, 399, (401); *Niemuth,* DÖV 1988, 291, (295); *Diederichsen,* BB 1988, 917 mit Fußn. 8; *Wolf,* VBlBW 1988, 208, (209); *Brandner,* MüllMagazin 1/88, S. 27; *Brandt / Dieckmann / Wagner,* Altlasten und Abfallproduzentenhaftung, S. 45 f.; *Brandt / Schwarzer,* Rechtsfragen der Bodensanierung, S. 84; (*anders* aber wohl *Brandt,* in: Rosenkranz / Einsele / Harres, Bodenschutz, S. 5); *Ketteler / Kippels,* Umweltrecht, S. 194; wohl auch *Pietzcker,* JuS 1986, 719, (721); *Kunig / Schwermer / Versteyl,* AbfG, Anh. § 10, Rdn. 24 ff.; *VGH Mannheim,* Beschl. v. 11. 9. 1986 – Az. 5 S 2295/86, S. 4 f.; *VG Karlsruhe* (Vorinstanz), Beschl. v. 16. 5. 1986 – Az. 9 K 37/86, S. 17 ff.

[37] Vgl. etwa *Arndt,* in: Steiner, (Hrsg.), Besonderes Verwaltungsrecht, Kap. VII, Rdn. 229 über Fußn. 314 einerseits und in Fußn. 314 andererseits; zweifelnd auch noch *Pietzcker,* DVBl 1984, 459, (461 mit Fußn. 21); *Peine,* UTR 3, S. 221 beläßt es bei dem Hinweis, daß diese Problematik sehr schwer zu entscheiden sei; ähnlich *Götz,* NVwZ 1987, 858, (862), der darauf hinweist, daß dieses Problem in der Literatur kontrovers diskutiert wird.

[38] Insbesondere *Papier,* Altlasten, S. 35 ff.; *ders.,* UTR 1, S. 70 f.; *ders.,* DVBl 1985, 873, (876 f.); *ders.,* NVwZ 1986, 256, (259 f.); *ders.,* et 1987, 437, (438); folgend *Striewe,* ZfW 1986, 273, (284); *Kuhn,* Altlastenprobleme in: Produkt- und Produzentenhaftung. Handbuch für die betriebliche Praxis, 1987, S. 3/219; *Bender / Sparwasser,* Umweltrecht, Rdn. 779; *K. Gerhardt,* BWVPr 1986, 270, (272); *Schmidt am Busch,* JA 1987, 576, (577); *Dienes / Oligmüller / Rinne / Schmidt / Straßen / Zillmer,* (VDEW-Arbeitskreis Umweltschutz), RdE 1987, 86, (93); wohl auch *Cronauge,* Städte- und Gemeindebund 1987, 38, (41). Erkennbarkeit der Gefahr fordern grundsätzlich auch, aber mit anders gelagerter Begründung *Koch,* Bodensanierung, S. 18; *Herrmann,* DÖV 1987, 666, (673 f.); *ders.,* Flächensanierung, S. 124, die allerdings im Bereich der Altlastensanierung von ihrem Standpunkt aus zu einer Bejahung der Verantwortlichkeit kommen.

b) Abgrenzung

Mit der dargestellten Problematik eng verknüpft ist die Frage nach den Auswirkungen der Veränderung des Erkenntnisstandes auf die „Legalisierungswirkung“ behördlicher Gestattungen oder Genehmigungen. Bei der Erteilung der Zulassung, Erlaubnis, Genehmigung oder eines sonstigen Gestattungsaktes konnte die Behörde naturgemäß ebenfalls nur von dem damaligen Erkenntnisstand ausgehen. Gleichwohl soll dieser Aspekt im folgenden ausgeklammert bleiben. Er wäre im Rahmen einer umfassenden Diskussion über Bestehen und Grenzen einer etwaigen Legalisierungswirkung behördlicher Gestattungsakte zu erörtern, die hier nicht geleistet werden kann.[39] Demgegenüber soll es hier einzig um die Frage nach dem Einfluß des (sich wandelnden) Erkenntnisstandes auf die polizeirechtliche Verhaltenszurechenbarkeit gehen.

II. Gefahrbegriff und Rückwirkungsverbot

1. Meinungsstand

Nach Auffassung *Papiers* würde eine Inanspruchnahme wegen der Verursachung damals objektiv nicht erkennbarer Gefahren gegen das Verbot der echten Rückwirkung belastender Gesetze verstoßen. Nach dem damaligen Stand von Technik und Wissenschaft sei eine Gefahr für die öffentliche Sicherheit und Ordnung nicht begründet gewesen, ein polizeiliches Einschreiten wäre damit rechtlich nicht in Betracht gekommen.[40] Manifestiere sich die objektive Gefahrenlage aufgrund von Änderungen des naturwissenschaftlich-technischen Erkenntnis- und Entwicklungsstandes nach Abschluß des „ursächlichen“ Verhaltens, so könne dieses – in der Vergangenheit abgeschlossene – Verhalten, weil die Gefahrgrenze selbst nicht überschreitend, nicht als polizeirechtlich erheblich angesehen werden, weil sonst im Ergebnis eine belastende Rückwirkung öffentlich-rechtlicher Eingriffsgesetze vorliege. Während des ablaufenden naturwissenschaftlich-ursächlichen Geschehens durften Eingriffsakte auf der Grundlage geltenden Rechts in Verbindung mit dem damaligen Erkenntnisstand nicht ergehen. Die Bewertung als Gefahrenverursachung ist erst durch eine Änderung des wissenschaftlichen Erkenntnisstandes nach

---

[39] Zum Meinungsstand über Bestehen und Umfang einer Legalisierungswirkung speziell im Altlastenbereich vgl. etwa *Breuer,* JuS 1986, 359, (362); *ders.,* NVwZ 1987, 751, (755 f.); *Kloepfer,* Altlasten als Rechtsproblem, S. 34 ff.; *ders.,* UTR 1, S. 32 ff.; *ders.,* NuR 1987, 7, (12 ff.); *Papier,* Altlasten, S. 24 ff., 39 ff.; *ders.,* DVBl 1985, 873, (875 f., 877); *ders.,* UTR 1, S. 65 ff.; *ders.,* NVwZ 1986, 256, (257 ff.); *ders.,* et 1987, 437, (438); *Schink,* DVBl 1986, 161, (166 f.); *Schrader,* Altlastensanierung nach dem Verursacherprinzip?, S. 139 ff.

[40] *Papier,* Altlasten, S. 35; *ders.,* UTR 1, S. 70 f.; *ders.,* DVBl 1985, 873, (877); *ders.,* NVwZ 1986, 256, (259); *ders.,* et 1987, 437, (438).

Abschluß des tatsächlichen sachverhaltlichen Geschehens eröffnet. Diese veränderte Bewertung kann aber nach *Papier* wegen des rechtsstaatlich fundierten Verbotes „echter" Rückwirkungen belastender Gesetze nicht dazu führen, daß ein ursprünglich polizeirechtlich irrelevantes Geschehen nachträglich zu polizeiwidrigem Verhalten wird. Ein abgeschlossener Sachverhalt kann demnach im allgemeinen weder durch eigentliche Gesetzesänderung noch durch eine Änderung des implicit in Bezug genommenen naturwissenschaftlich-technischen Erkenntnis- und Entwicklungsstand zu Lasten des in seinem Vertrauen schutzwürdigen Bürgers eine abweichende rechtliche Regelung erfahren.[41]

Nach Auffassung *Kloepfers* geht es bei einer veränderten Bewertung der Beurteilung der Gefährlichkeit eines Verhaltens aufgrund des fortschreitenden Erkenntnisstandes nicht um Gesetzesänderungen – materiell blieb immer die polizeiliche Generalklausel anwendbar – sondern um Rechts*anwendungs*änderungen aufgrund veränderter Gefahrenerkenntnisse und Bewertungen. Gegenüber diesen gelte das Rückwirkungsverbot grundsätzlich nicht.[42]

2. Gefahr und Erkennbarkeit

Einen Ansatzpunkt zur Lösung der dargestellten Fragestellung könnte die Untersuchung des Begriffes „Gefahr" und hier insbesondere der Frage erbringen, ob ihm das Merkmal der Erkennbarkeit immanent ist. Dabei soll allerdings von vornherein die Unterscheidung zwischen dem Gefahrbegriff im Tatsächlichen und dem Gefahrbegriff als Rechtsbegriff des Polizeirechts im Auge behalten werden.

a) Der „tatsächliche" Gefahrbegriff

Im allgemeinen Sprachgebrauch wird „Gefahr" definiert als „drohendes Unheil" oder „die Sicherheit bedrohendes Ereignis".[43] Die Gefahr geht dem Schaden voraus, sie ist Vorstufe zum Schaden. Der Schaden, allgemein definiert als Verlust, Minderung oder Nachteil[44] tritt objektiv, ohne daß jemand ihn als Schaden erkennen müßte, ein. Ebenso besteht eine (tatsächliche)

---

[41] *Papier,* Altlasten, S. 38 und öfter; folgend *K. Gerhardt,* BWVPr 1986, 270, (272); *Schmidt am Busch,* JA 1987, 576, (577); *Dienes / Oligmüller / Rinne / Schmidt / Straßen / Zillmer,* RdE 1987, 86, (93).

[42] *Kloepfer,* UTR 1, S. 23; *ders.,* NuR 1987, 7, (9). Zweifelnd zu *Papier* auch *Arndt,* in: Steiner (Hrsg.), Besonderes Verwaltungsrecht, Kap. VII, Rdn. 229 mit Fußn. 314.

[43] Vgl. zu diesen und ähnlichen Definitionen etwa *Der Neue Knaur,* (Lexikon), Bd. 3, 1975, S. 2092; *Der Große Duden,* Bd. 10: Bedeutungswörterbuch, 1970, S. 271; *Der Neue Brockhaus,* (Lexikon), Bd. 2, 6. Aufl. 1979, S. 312; *Meyers Enzyklopädisches Lexikon,* Bd. 9, 1973, S. 792; *Meyers Neues Lexikon,* Bd. 3, 1979, S. 242.

[44] *Der Große Duden,* Bd. 10: Bedeutungswörterbuch, S. 547; enger *Hansen-Dix,* Die Gefahr im Polizeirecht, im Ordnungsrecht und im Technischen Sicherheitsrecht, S. 23, die im Schaden eine Beeinträchtigung von Rechtsgütern sieht.

Gefahr ohne Rücksicht auf ihre Erkennbarkeit. Daß gewisse Stoffe krebserregend oder gewässertoxisch wirken, ist ein Faktum, das unabhängig von seiner Wahrnehmbarkeit besteht. Die Gefahr verwirklicht sich auch unabhängig davon, ob die Ursachen erkennbar sind oder waren.[45] Insofern ist dieser Gefahrenbegriff ein ontischer, d.h. von seiner Erkennbarkeit unabhängiger Begriff.

b) Der polizeirechtliche Gefahrbegriff

Anders ist dies im Polizeirecht. Hier ist das Vorliegen einer Gefahr für die öffentliche Sicherheit oder Ordnung Rechtmäßigkeitsvoraussetzung für ein polizeiliches Eingreifen. Die Polizei hat sich darauf zu beschränken, Gefahrenlagen zu beseitigen.[46] Gefahr ist die Vorstufe zum Schaden. Bei ungehindertem Geschehensablauf muß der vorgefundene Zustand in einen Schaden einmünden.[47] Ob dies der Fall ist, kann nur durch eine Prognose des künftigen Geschehensablaufes bestimmt werden. Der Schadenseintritt muß hinreichend wahrscheinlich sein. Die Anforderungen an den Wahrscheinlichkeitsgrad des Schadenseintrittes werden dabei im Einzellfall vom Wert des zu schützenden Rechtsgutes mitbestimmt[48], wobei als „Faustformel" gilt, daß je höherwertiger das zu schützende Rechtsgut ist, umso geringere Anforderungen an den Grad der Wahrscheinlichkeit des Schadenseintrittes zu stellen sind.[49] Die Prognose eines künftigen Geschehensablaufes kann aber nur auf der Grundlage der Erkenntnis der gegenwärtigen Tatsachengrundlage erfolgen. Deshalb kann ein unerkennbar gefährlicher Zustand nicht als Gefahr im Sinne des Polizeirechts angesprochen werden.[50] Dies wird deutlich in der als „klassisch" bezeichneten[51] Definition des Gefahrenbegriffes durch das *PrOVG,* nach der eine Gefahr dann gegeben ist, wenn ein Sachverhalt vorliegt, der bei ungehindertem Ablauf *erkennbar* zu einem Schaden führen würde.[52] Die Wahrschein-

---

[45] Besonders drastisch illustriert dies eine Meldung in der F.A.Z. Nr. 252 vom 30. 10. 1987, S. 9, nach der der erste Patient mit den Symptomen der Immunschwäche AIDS – wie sich nachträglich herausstellte – bereits 1968 in einem amerikanischen Krankenhaus behandelt wurde. Die Entdeckung des HIV-Virus erfolgte erst in den Achtziger Jahren.

[46] Daneben hat die Polizei auch bereits eingetretene Störungen zu beseitigen, vgl. statt aller *Drews / Wacke / Vogel / Martens,* Gefahrenabwehr, S. 220.

[47] So bereits *PrOVG,* PrVBl 16 (1894/95), 125, (126).

[48] *Hansen-Dix,* Die Gefahr im Polizeirecht, im Ordnungsrecht und im Technischen Sicherheitsrecht, S. 39 f. m.w.Nachw.; *Brandt,* der landkreis, 1986, 205, (206); *Kloepfer / Brandner,* NVwZ 1988, 115, (119); *VGH Mannheim,* ZfW 1985, 176, (177).

[49] Hierzu auch *BVerfGE* 49, 89, (138 ff.); 53, 30, (57 m.w.Nachw.). Speziell zu den Altlasten *Brandt / Lange,* UPR 1987, 11, (14); *OVG Münster,* UPR 1985, 250 f.

[50] So bereits *Scholz,* VerwArch 27 (1919), 1, (19 f.); anders – soweit ersichtlich – nur *Friedrichs,* Das Polizeigesetz, PrALR II, 17 § 10, Anm. 15 (S. 8).

[51] *Friauf,* in: v. Münch, (Hrsg.), Besonderes Verwaltungsrecht, S. 201; *BVerwGE* 72, 300, (315).

[52] *PrOVGE* 77, 333, (338); *Scholz,* VerwArch 27 (1919), 1, (35).

lichkeit des Schadenseintrittes wird vom *PrOVG* definiert als die Besorgnis, wie sie sich gerade auf dem Wissen um den ursächlichen Zusammenhang der Dinge gründet.[53] Das bedeutet aber auch: Die Prognose muß auf dem Erkenntnisstand, wie er sich zum Zeitpunkt des polizeilichen Eingriffs darstellt, beruhen. Die Beurteilung einer Gefahrenlage ex post ist stattdessen nicht zulässig.[54] Das hat zur Konsequenz: Ein polizeiliches Vorgehen gegen eine unerkennbar gefährliche Ablagerung oder Anlage ist rechtswidrig, weil keine Gefahr im polizeirechtlichen Sinne festgestellt werden kann.[55]

3. Gefahrenerkennbarkeit und Rückwirkung

a) Zur Berücksichtigung der Neubewertung von Tatsachen im verwaltungsgerichtlichen Verfahren

Zunächst ist mithin der Ausgangspunkt *Papiers* richtig, daß die polizeiliche Inanspruchnahme des Verursachers einer Gefahr, die weder zum Zeitpunkt der Verursachung, noch zu dem des polizeilichen Eingriffs, noch zu dem der gerichtlichen Entscheidung erkennbar war, einer gerichtlichen Prüfung nicht standgehalten hätte, weil eine Gefahr im polizeirechtlichen Sinne nicht hätte festgestellt werden können. Das Verhalten des Verursachers wäre deshalb als polizeirechtlich irrelevant zu beurteilen gewesen.[56] Schwieriger ist indes die hypothetische Frage zu klären, wie das Gericht entscheiden würde, wenn die Gefahr, wie auch der gefahrverursachende Kausalverlauf zwar noch nicht zum Zeitpunkt des polizeilichen Eingriffs, wohl aber zum Zeitpunkt der gerichtlichen Entscheidung erkennbar geworden sind. Hier ließe sich einerseits argumentieren, das Gericht sei bei der Beurteilung der Rechtmäßigkeit an den Zeitpunkt des behördlichen Eingriffs gebunden[57], zu diesem sei eine Gefahr im polizeirechtlichen Sinne nicht gegeben gewesen. Nachträgliche Änderungen des Erkenntnisstandes stünden insoweit nachträglichen Änderungen der objektiven Sachlage gleich.[58] Andererseits könnte man aber auch argumentieren, hier handele es sich nicht um den Einfluß von Veränderungen in den tatsächlichen und rechtlichen Verhältnissen seit dem Erlaß des Verwaltungsaktes

---

53 *PrOVG*, PrVBl 16 (1894/95), 125, (126).

54 *BVerwGE* 49, 36; *Kopp*, VwGO, § 113, Rdn. 26; *Friauf* in: v. Münch, (Hrsg.), Besonderes Verwaltungsrecht, S. 203.

55 Damit ist aber noch nicht die Frage beantwortet, wie ein Gericht über einen polizeilichen Eingriff zu befinden hätte, wenn es selbst mittlerweile über geläuterte Erkenntnisse verfügt; dazu sogleich.

56 *Papier*, Altlasten, S. 38; *ders.*, UTR 1, S. 70; *ders.*, DVBl 1985, 873, (877); *ders.*, NVwZ 1986, 256, (259); *ders.*, et 1987, 437, (438).

57 *BVerwGE* 49, 36; ebenso *Kopp*, VwGO, § 113, Rdn. 26.

58 *Papier*, Altlasten, S. 38; *ders.*, UTR 1, S. 70, *ders.*, DVBl 1985, 873, (877); *ders.*, NVwZ 1986, 256, (259); jeweils unter Berufung auf *Breuer*, DVBl 1981, 300, (307) und *OVG Münster*, DVBl 1984, 896, (897).

auf die Beurteilung seiner Rechtmäßigkeit, sondern um die Verwertung *tatsächlicher* Gründe, die schon *bei Erlaß des Verwaltungsaktes gegeben* waren. Es gehe hier m.a.W. nicht um eine Änderung der Sach- oder Rechtslage sondern um ein zulässiges Nachschieben von Gründen.[59] Diese Auffassung kann auch damit begründet werden, daß nach h.M. das Gericht das Recht und die Verpflichtung hat, den im Streit stehenden Verwaltungsakt in jeder Hinsicht zu überprüfen und eine Anfechtungsklage auch dann abzuweisen, wenn zwar die Gründe nicht vorliegen, auf die der VA gestützt ist, dieser jedoch im Ergebnis durch andere Tatsachen gerechtfertigt ist.[60]

Dem könnte allerdings die Auffassung *Breuers* entgegengehalten werden, daß es bei der Bestimmung des maßgeblichen Zeitpunktes der gerichtlichen Kontrolle behördlicher Entscheidungen nicht auf das Prozeßrecht, sondern auf das materielle Recht ankomme. Das Verwaltungsgericht habe über die Rechtmäßigkeit des Verwaltungshandelns zu entscheiden. Diese Frage beurteile sich nach materiellem Recht und damit auch die Frage, inwieweit Änderungen des naturwissenschaftlichen oder technischen Entwicklungsstandes in anhängigen Verwaltungs- oder Gerichtsverfahren zu berücksichtigen sind.[61] Für den Bereich des Immissionsschutzrechts stellt *Breuer* fest, daß auch dort, wo keine expliziten Verweisungen auf den naturwissenschaftlich-technischen Erkenntnis- und Entwicklungsstand vorliegen[62], etwa bei den unbestimmten Rechtsbegriffen „schädliche Umwelteinwirkungen“ und „sonstige Gefahren“, diese Begriffe implizite Verweisungen auf den naturwissenschaftlichen Erkenntnisstand enthalten. Dessen Fortentwicklungen seien daher außerhalb expliziter gesetzlicher Verweisungen ebenfalls wie Änderungen der Sachlage zu werten. Bei gerichtlichen Entscheidungen (in Anfechtungsprozessen) sei mithin der naturwissenschaftliche Erkenntnisstand im Zeitpunkt der behördlichen Entscheidung maßgebend.[63]

Die Ausführungen *Breuers* beziehen sich indes auf die Fälle der atomrechtlichen oder immissionsschutzrechtlichen Genehmigung und behandeln die Frage, ob eine solche Genehmigung vom Gericht aufzuheben sei, wenn zwischenzeitliche Erkenntnisfortschritte zeigen, daß sie in dieser Form nicht mehr ergehen dürfte oder ob es insoweit auf den Erkenntnisstand zum Zeitpunkt der Genehmigung ankommt. Die hier interessierende Frage liegt jedoch

---

59 *Ule,* Verwaltungsprozeßrecht, S. 307 f. (Hervorhebungen im Original); *Tschira / Schmitt Glaeser,* Verwaltungsprozeßrecht, S. 281 ff.; *Redeker / v. Oertzen,* VwGO, § 108, Rdn. 29; ferner *Bettermann,* DVBl 1973, 375, (377). A. A. *Kopp,* VwGO, § 113, Rdn. 28, 32.

60 *Bettermann,* DVBl 1973, 375, (377); *Tschira / Schmitt Glaeser,* Verwaltungsprozeßrecht, S. 281 ff.; *BVerwGE* 64, 356, (357 f.); krit. *Kopp,* VwGO, § 113, Rdn. 32 m.w.Nachw.

61 *Breuer,* DVBl 1981, 300, (304).

62 Zu solchen expliziten Verweisungen *Breuer,* DVBl 1981, 300, (306).

63 *Breuer,* DVBl 1981, 300, (307); teilweise a. A. *Bender,* NJW 1979, 1425, (1431).

umgekehrt. Sie lautet, ob ein Gericht an den Erkenntnisstand zum Zeitpunkt des Erlasses einer polizeilichen Eingriffsverfügung gegen den Verursacher einer zunächst unerkennbaren Gefahr auch dann gebunden sein soll, wenn spätere Erkenntnisfortschritte ergeben, daß ein Verhalten objektiv eine Gefahr verursacht hat und die polizeiliche Inanspruchnahme nachträglich rechtfertigen. Hier liegt die Argumentation *Ules* näher, der meint, daß es ein „unerträglicher Formalismus" wäre, wenn ein Gericht einen Verwaltungsakt alleine deshalb aufheben müßte, weil die ursprüngliche Begründung falsch war, obwohl die nachträglich vorgebrachten (oder erkennbar gewordenen) tatsächlichen oder rechtlichen Gründe ihn rechtfertigen.[64]

b) Bewertungsänderungen und Rückwirkungsverbot

So wenig, wie gegen die nachträgliche Einbeziehung neuer Erkenntnisse in den Verwaltungsrechtsstreit in diesem Falle Bedenken bestehen, so wenig kann davon die Rede sein, eine veränderte Bewertung eines in der Vergangenheit abgeschlossenen Verhaltens aufgrund eines veränderten Erkenntnisstandes stelle eine rechtsstaatswidrige belastende „echte" Rückwirkung dar.[65] Diese Auffassung verkennt die Unterscheidung zwischen Rechtsetzung und Rechtsanwendung. Allerdings wird auch für den Bereich der Rechtsprechung postuliert, daß Änderungen der Rechtsprechung keine Rückwirkung zukommen könne.[66] Die Perspektive, unter der die Zulässigkeit einer rückwirkenden Rechtsprechungsänderung diskutiert wird, ist allerdings mit der hier interessierenden Problematik, ob ein fortschreitender Erkenntnisstand die Neubewertung eines ursprünglich als ungefährlich oder unschädlich angesehenen Verhaltens erlaubt, nicht ganz deckungsgleich: Bei der Diskussion um die Rückwirkung von Rechtsprechungsänderungen geht es wesentlich um die Änderung bisheriger Rechtsauffassungen, also regelmäßig um Rechtsfortbildung oder Rechtsschöpfung[67], mindestens aber um (überraschende) „Kurswechsel"[68], und damit um Grenzfälle zwischen Rechtsanwendung und Rechtsetzung.[69] Demgegenüber geht es in der hier interessierenden Konstellation

---

[64] *Ule,* Verwaltungsprozeßrecht, S. 308; *Bettermann,* DVBl 1973, 375, (377); *Tschira / Schmitt Glaeser,* Verwaltungsprozeßrecht, S. 281 ff.

[65] *Papier,* Altlasten, S. 38; *ders.,* UTR 1, S. 70 f.; *ders.,* DVBl 1985, 873, (877); *ders.,* NVwZ 1986, 256, (259); *ders.,* et 1987, 437, (438).

[66] *Brüggemeier,* Deliktsrecht, Rdn. 114; vgl. auch die umfangr. Nachw. bei *Bischoff,* Das Problem der Rückwirkung bei einer Änderung der Rechtsprechung, S. 18 ff.

[67] *Rüberg,* Vertrauensschutz gegenüber rückwirkender Rechtsprechungsänderung, S. 58; *Ossenbühl,* DÖV 1972, 25, (33); *Brüggemeier,* Deliktsrecht, Rdn. 114: „Der richterlichen *Rechtsnorm* eignet keine Rückwirkung".

[68] *Kisker,* VVDStRL 32 (1974), 149, (188 f.); *Dürig,* in: Maunz / Dürig, GG, Art. 3 Abs. 1, Rdn. 402 ff.

[69] *Rüberg,* Vertrauensschutz gegenüber rückwirkender Rechtsprechungsänderung, S. 38 ff.

um die Einbeziehung neuer tatsächlicher Erkenntnisse in die Beurteilung eines Sachverhaltes nach bereits bisher geltender Rechtslage. Solche Wandlungen des Erkenntnisstandes stehen ihren Auswirkungen nach weder einer Änderung der Sach- oder Rechtslage, noch einem „Kurswechsel" der Rechtsprechung oder gar richterlicher Rechtsfortbildung gleich.

Wandlungen des Erkenntnisstandes stellen keine Veränderung der Sachlage dar: Die Erkenntnisse beziehen sich auf ontische, also objektiv und unabhängig von ihrer Erkennbarkeit existierende Tatsachen und Kausalzusammenhänge. Sie stellen auch keine Veränderung der Rechtslage dar: Die Polizei hat Gefahren zu beseitigen und die hierzu notwendigen Maßnahmen gegen den Verursacher zu richten. Der gewandelte Erkenntnisstand führt lediglich zu einer veränderten *Subsumtion:* Eine bisher tatsächlich vorhandene Gefahr wird als Gefahr im Rechtssinne erkannt, eine Kausalreihe oder ein Verhalten wird als gefahrverursachend und damit der Handelnde als Gefahrverursacher erkannt. Ist der Behörde nunmehr sowohl die Gefahrenlage als auch der für sie verantwortliche Verursacher bekannt, so erfüllt die Behörde nichts weiter als ihren gesetzlichen Auftrag, wenn sie Maßnahmen zur Gefahrenbeseitigung trifft und diese gegen den Verursacher richtet. Es gibt kein Kontinuitätsgebot, das die Behörde zwingt, an einer einmal getroffenen Bewertung eines Verhaltens auch im Lichte gewandelter Erkenntnisse festzuhalten.[70] Die polizeirechtliche Generalklausel enthält vielmehr den Auftrag, die im Gesetzestatbestand angelegte Lösung *je für Gegenwart und Einzelfall* zu entwickeln.[71] In der somit gebotenen Anpassung der auf Dauer ausgerichteten Gesetzesaussage an die Gegenwart[72] kann aber keine rechtsstaatswidrige Rückwirkung der Polizeigesetze gesehen werden.

Damit ist indes noch nichts zu der Frage gesagt, wer als Verursacher der Gefahr in Anspruch genommen werden kann, wem m.a.W. die Gefahrverursachung als polizeirechtlich Verhaltensverantwortlichem zugerechnet werden kann. Dies entscheidet sich nur durch die Bestimmung des dem Polizeirecht zugrundezulegenden Verursachungsbegriffes. Von diesem ist – unabhängig von der Feststellung, daß er umstritten ist – nur festzuhalten, daß die Frage, ob und in welchem Umfang Gefahrenerkennbarkeit zum Zeitpunkt des Setzens der für die Gefahrentstehung ursächlichen Bedingungen Voraussetzung der polizeirechtlichen Zurechnung ist, nicht a limine entschieden ist.

---

[70] Hierzu *Kloepfer,* Vorwirkung von Gesetzen, S. 193 f.

[71] *P. Kirchhof,* DÖV 1976, 449, (451). Auf die der polizeirechtlichen Generalklausel innewohnende Dynamik weist auch *Kothe,* ZRP 1987, 399, (401) hin.

[72] *P. Kirchhof,* DÖV 1976, 449, (451); grundsätzlich *ders.,* Verwalten und Zeit, S. 3 f.

III. Die Rolle der Gefahrenerkennbarkeit in den Zurechnungslehren – Befund

1. Die Lehre von der unmittelbaren Verursachung

a) Darstellung

Die Lehre von der unmittelbaren Verursachung ist trotz zahlreicher Angriffe in der Rechtsprechung unangefochten und auch in der Literatur vorherrschend.[73] Sie geht zurück auf die Rechtsprechung des *PrOVG*[74] und hatte im Lande Rheinland-Pfalz zeitweise[75] in § 22 RhlPfPVG[76] Anerkennung durch den Gesetzgeber gefunden. Der Inhalt der Lehre der unmittelbaren Verursachung ist der, daß als Verhaltensverantwortlicher nur der in Betracht kommen kann, der die Gefahr *unmittelbar* verursacht. Damit ist nun freilich noch nicht viel gesagt[77], solange nicht klargestellt ist, *wann* eine Gefahr unmittelbar verursacht wurde.

aa) Die zeitliche Betrachtungsweise

Im Anschluß an *Wacke*[78] wird das Unmittelbarkeitskriterium heute allgemein so umschrieben, daß das die Bedingung der Gefahr setzende Verhalten dann als unmittelbar kausal betrachtet wird, wenn es seinerseits nicht polizeirechtlich neutral ist, sondern bereits für sich eine Polizeiwidrigkeit darstellt und deshalb die Gefahrengrenze überschreitet.[79] Wo die Gefahrengrenze, deren Überschreiten ein Verhalten zu einer unmittelbaren Verursachung machen soll, liegt, wird nicht eindeutig definiert. Es liegt indes nahe, auf das oben zum polizeirechtlichen Gefahrenbegriff Gesagte zu rekurrieren. Denn es scheint, als habe die Unmittelbarkeitslehre mit dem Merkmal „Überschreiten

---

[73] Grundlegend *Wacke,* DÖV 1960, 93; *Drews / Wacke / Vogel / Martens,* Gefahrenabwehr, S. 313 ff.; *Rasch,* Allgemeines Polizei- und Ordnungsrecht, § 4 MEPolG, Rdnrn. 15 ff.; *Götz,* Allgemeines Polizei- und Ordnungsrecht, Rdnrn. 191 ff.; *Friauf,* in: v. Münch, (Hrsg.), Besonderes Verwaltungsrecht, S. 213 ff.; *Wolff / Bachof,* Verwaltungsrecht III, § 127, Rdn. 10; *Prümm,* in: Ley / Prümm, (Hrsg.), Staats- und Verwaltungsrecht für Rheinland-Pfalz, 1986, Kap. I, Rdn. 74.

[74] Vgl. etwa *PrOVGE* 31, 409, (411) („Heilsarmee"); 78, 261, (266) („Bismarckbund"); 78, 267, (269) („Apothekenschild"); 80, 176, (189) („Borkumlied"); 103, 139, (141) („Krankenhaus").

[75] Bis zum 1. 8. 1981.

[76] Vom 26. 3. 1954 – GVBl. S. 31, ber. S. 54; i.d.F. vom 29. 6. 1973 – GVBl. S. 180, ber. S. 284.

[77] AK-PolG-*Wagner,* vor §§ 4 – 6, Rdn. 19.

[78] *Wacke,* DÖV 1960, 93, (94).

[79] *Friauf,* in: v. Münch, (Hrsg.), Besonderes Verwaltungsrecht, S. 212 f.; *Wolff / Bachof,* Verwaltungsrecht III, § 127, Rdn. 10; *Rasch,* Allgemeines Polizei- und Ordnungsrecht, § 4 MEPolG, Rdn. 15; *Schenke,* in: Steiner, (Hrsg.), Besonderes Verwaltungsrecht, Kap. II, Rdn. 89; s. a. *Papier,* DVBl 1985, 873, (877).

der Gefahrengrenze“ diesen Gefahrenbegriff inkorporiert. Dies würde bedeuten: Um unmittelbar kausal zu sein, müßte ein Verhalten die Grenze zu einem Sachverhalt überschritten haben, der bei ungehindertem Ablauf erkennbar zu einem Schaden führen würde, oder, anders ausgedrückt, der Zustand der Dinge muß sich zu einem für den polizeilichen Eingriff hinreichenden Grad der Wahrscheinlichkeit eines Störungseintritts verdichtet haben.[80] Diese Definition zugrundegelegt, wäre die hier interessierende Frage für die Lehre von der unmittelbaren Verursachung eindeutig beantwortet: Die Schaffung einer unerkennbaren Gefahrenlage wäre demnach keine Gefahrverursachung im Sinne der Unmittelbarkeitslehre, eine polizeiliche Inanspruchnahme nach Erkennen der Gefahrenlage käme demnach nicht in Betracht.

Indes ist zweifelhaft, ob sich diese, stark am Wortlaut orientierte Interpretation als zutreffend erweist. Sie führt nämlich letztlich zurück auf eine rein zeitlich orientierte Betrachtungsweise, nach der grundsätzlich auf die letzte Ursache einer Gefahr abzustellen wäre.[81] Die Interpretation von Gefahrbegriff und Verursachungsbegriff würde – obwohl die Gesetze zwischen beiden differenzieren – gleichgesetzt. Verursachungsbeiträge, die vor dem Zeitpunkt liegen, ab dem ein Einschreiten zulässig wäre, könnten bei der Bestimmung des Verhaltensverantwortlichen auch dann nicht berücksichtigt werden, wenn sie „eigentliche“ oder „wesentliche“ Ursache der Gefahr waren.[82]

Gegen eine solche Betrachtungsweise wird jedoch eingewandt, daß sie die komplexe Rechtsfrage nach dem Bestehen einer Polizeipflicht auf ein kausales, in einem raum-zeitlichen Ablauf fixiertes Denkschema reduziere, indem sie von der Annahme ausgehe, der rechtlich relevante Erfolg werde ausschließlich durch eine jeweils bestimmbare Anzahl von Bedingungen herbeigeführt, mit deren Klassifizierung in „mittelbare“ und „unmittelbare“ die Frage nach der Polizeipflicht eindeutig zu beantworten sei.[83] Um diesem Vorwurf zu entgehen, ist formuliert worden, verantwortlich sei der, der das letzte *und entscheidende* Glied in der Ursachenkette setze.[84] Damit wird aber bereits ein wertendes Element in die Beurteilung der Unmittelbarkeit eingeführt. Denn das letzte Glied einer Ursachenkette braucht, auch wenn es sich gleichsam um den Tropfen handelt, der das Faß endlich zum Überlaufen bringt, durchaus nicht das *entscheidende* Element sein. Daß das Abstellen auf den jeweils letzten Verursachungsbeitrag nicht durchgehalten werden kann, zeigt

---

80 So *v. Müller,* RuPrVBl 55 (1934), 334, (338); *Kirchhof,* JuS 1975, 237, (238); *Papier,* Altlasten, S. 36 f.; *ders.,* DVBl 1985, 873, (877).

81 *Franzen,* Lehrkommentar zum Polizeiverwaltungsgesetz, S. 236; *Götz,* Allgemeines Polizei- und Ordnungsrecht, Rdn. 193; *Pietzcker,* DVBl 1984, 457, (458).

82 *Herrmann,* DÖV 1987, 666, (668); *Wolff / Bachof,* Verwaltungsrecht III, § 127, Rdn. 10.

83 *Vieth,* Rechtsgrundlagen der Polizei- und Ordnungspflicht, S. 48.

84 *v. Mutius,* Jura 1983, 298, (304). [Hervorhebung durch *Verf.*]

bereits die Kreation des Zweckveranlassers, die auch Vertreter dieser Auffassung zu der Einschränkung nötigt, es sei nicht ausnahmslos auf die letzte Ursache abzustellen, vielmehr genüge Unmittelbarkeit im Sinne eines engen Wirkungs- und Verantwortungszusammenhangs zwischen dem Verhalten einerseits und der Gefahr andererseits.[85] Das Kriterium der Unmittelbarkeit soll damit eine besondere Nähe zwischen Ursache und Erfolg zum Ausdruck bringen, die schadensnahe in Gegensatz zur schadensfernen Ursache herausfiltern.[86] Erweist sich aber eine rein zeitliche Betrachtungsweise als hierfür ungeeignet, so ist die Frage zu stellen, auf welche andere Weise die Abgrenzung vorgenommen werden soll.

bb) Die „wertenden Kriterien"

Im polizeirechtlichen Schrifttum wird – wie gesehen – der Begriff des Überschreitens der Gefahrgrenze – und damit der der Unmittelbarkeit – vielfach aus dem Bereich ontologischer Erkenntnis bzw. der Beurteilung „faktischer Beziehungen" in den einer wertenden Beurteilung überführt.[87] Freilich ist auch mit dieser Feststellung noch nicht allzu viel gesagt, denn an die Stelle der Frage nach der Unmittelbarkeit eines Verursachungsbeitrages tritt zunächst nur die Frage nach den „wertenden Kriterien", die den Begriff der Unmittelbarkeit determinieren sollen. Daß eine allgemeinverbindliche Konkretisierung dessen, was unter den „wertenden Kriterien" zu verstehen ist, auf Schwierigkeiten stößt, räumen auch Vertreter der Unmittelbarkeitslehre ein, etwa *Friauf,* der erklärt, daß die Bestimmung und Offenlegung der im einzelnen maßgeblichen Rechtswidrigkeits- und Risikokriterien zu den schwierigsten, bisher nur äußerst unvollständig gelösten Aufgaben des heutigen Polizeirechts gehöre, dessen traditionelle – teilweise eher intuitiv gefundenen – Kriterien der differenzierten Problemlage einer hochtechnisierten Umwelt nicht mehr immer gerecht werden könnten.[88] Eine hinreichende Präzisierung des als zentral erkannten Wertungserfordernisses ist mithin noch nicht gelungen.[89] Dementsprechend bietet sich auch bei der Frage, ob die Gefahrenerkennbarkeit ein solches Wertungskriterium sein könnte, das die Zurechnung einer Gefahrverursachung ausschlösse, kein einheitliches Bild.

[85] *Götz,* Allgemeines Polizei- und Ordnungsrecht, Rdn. 193.

[86] *Kirchhof,* JuS 1975, 237, (238).

[87] *Gantner,* Verursachung, S. 86 f.; *Friauf,* in: v. Münch (Hrsg.), Besonderes Verwaltungsrecht, S. 212 f.; *Wolff / Bachof,* Verwaltungsrecht III, § 127, Rdn. 10; *Rasch,* Allgemeines Polizei- und Ordnungsrecht, § 4 MEPolG, Rdn. 15; *Schenke,* in: Steiner (Hrsg.), Besonderes Verwaltungsrecht, Kap. II, Rdn. 89; *Kloepfer,* UTR 1, S. 24; *ders.,* NuR 1987, 7, (9); auch *Papier,* DVBl 1985, 873, (877); vgl. ferner *VGH Mannheim,* Beschl. v. 11. 9. 1986 – Az. 5 S 2295/86, S. 3 ff.

[88] *Friauf,* in: v. Münch, (Hrsg.), Besonderes Verwaltungsrecht, S. 213.

[89] Insoweit ist der Kritik *Herrmanns,* DÖV 1987, 666, (668) durchaus Recht zu geben.

b) *Gefahrenerkennbarkeit und „wertende Kriterien"*

aa) Die „materielle Polizeipflicht"

Daß die Unerkennbarkeit der Gefahr zum Zeitpunkt der Verursachung die spätere Inanspruchnahme als Verhaltensverantwortlicher ausschließt, wird von *Papier* unter anderem mit dem Inhalt der allgemeinen „Nichtstörungspflicht", die dem gewaltunterworfenen Bürger obliegt, begründet. Diese verlange von jedermann, daß er sein Verhalten so einrichtet, daß nach dem – im Zeitpunkt des Handelns gegebenen – Erkenntnisstand eine Schadenswahrscheinlichkeit und damit eine Gefahrenlage vermieden wird. Der gewaltunterworfene Bürger überschreitet demnach mit seinem Verhalten nicht die Gefahrengrenze und verletzt nicht die allgemeine Nichtstörungspflicht, wenn er sein Verhalten so eingerichtet hat, daß nach dem gegebenen naturwissenschaftlichen Erkenntnis- und Entwicklungsstand eine hinreichende Wahrscheinlichkeit der Schädigung polizeirechtlich geschützter Güter ("Polizeigefahr") nicht bewirkt wird.[90]

Dieser Argumentation, die von der dargestellten These ausgeht, indem das Polizei- und Ordnungsrecht den unbestimmten Rechtsbegriff der „Gefahr" und damit der Schadenswahrscheinlichkeit verwende, verweise es den Rechtsanwender „implicit" auf den jeweiligen naturwissenschaftlichen Erkenntnis- und Entwicklungsstand[91], wird indes entgegengehalten, daß die polizeirechtliche Verantwortlichkeit des Handlungsstörers *ausschließlich* von objektiven Tatbeständen abhinge, daß das Polizei- und Ordnungsrecht eben auf objektive Zustände abziele und gerade nicht ahnden oder wegen persönlicher Schuld zur Verantwortung ziehen wolle. Angesichts dessen könne es auch auf die Erkennbarkeit der Gefährlichkeit eines Verhaltens nicht ankommen.[92]

bb) Verhaltensverantwortlichkeit bei Ausübung eines Rechts?

Gegen eine polizeirechtliche Inanspruchnahme als Verhaltensverantwortlicher könnte ferner der Satz stehen, daß derjenige nicht Störer sein könne, der lediglich ein ihm zustehendes Recht ausübe.[93] Die (unerkennbar) gefahrverursachende Verhaltensweise hätte zum Zeitpunkt ihrer Vornahme wegen der Unerkennbarkeit der Gefahrverursachung nicht unterbunden werden dürfen.

---

90 *Papier,* Altlasten, S. 37; *ders.* UTR 1, S. 70; *ders.,* DVBl 1985, 873, (877); *ders.,* NVwZ 1986, 256, (259); *ders.,* et 1987, 437, (438).

91 *Papier,* Altlasten, S. 36.

92 *VG Karlsruhe,* Beschl. v. 16. 5. 1986 – Az. 9 K 37/86, S. 18 (Hervorhebung im Original); *VGH Mannheim,* Beschl. v. 11. 9. 1986 – Az. 5 S 2295/86, S. 4 f. Ebenso *Schink,* DVBl 1986, 161, (169).

93 Vgl. die Nachw. bei *Drews / Wacke / Vogel / Martens,* Gefahrenabwehr, S. 316; aber auch *Kirchhof,* JuS 1975, 237, (240).

Ebensowenig wären andere polizeiliche Maßnahmen gegen das Verhalten in Betracht gekommen. Die Wandlung des Erkenntnisstandes könne nicht bewirken, daß ein ursprünglich als rechtmäßig angesehenes Verhalten in der Rückschau als rechts- oder polizeiwidrig qualifiziert wird, mit der Folge, daß derjenige, der zum Zeitpunkt der Handlung von Rechts wegen nicht als Verhaltensverantwortlicher herangezogen werden *durfte*, nunmehr im Nachhinein als Störer herangezogen wird.[94]

Diesem Argument wird indes von anderer Seite entgegnet, daß dann, wenn die Rechtsordnung keine Vorschriften über gefahrenvermeidendes Verhalten enthalte, es Sache des jeweils Handelnden sei, objektiv geeignete Maßnahmen zur Gefahrvermeidung zu treffen. Etwas anderes hätte nur dann zu gelten, wenn die zur Vermeidung des Gefahreneintrittes notwendigen Maßnahmen rechtlich vorgegeben gewesen wären, etwa – im Falle einer Umweltbeeinträchtigung – durch eine Rechtsverordnung, eine normenkonkretisierende Verwaltungsvorschrift oder ein gesetzliches Abstellen auf den Stand der Technik, wie dies etwa in § 5 Abs. 1 Nr. 2 BImSchG geschehen sei. Soweit solche rechtlichen Vorgaben nicht existierten sei die gefahrverursachende Maßnahme objektiv rechtswidrig, auch wenn die Rechtswidrigkeit für den Verantwortlichen nicht erkennbar gewesen sein sollte.[95]

2. Die Theorie von der Zurechnung nach Pflichtwidrigkeit und Risikosphäre

a) Darstellung

In seinem Bericht über die Entwicklung des allgemeinen Polizei- und Ordnungsrechts von 1984 bis 1986 vermerkt *Götz* ein „folgerichtiges" wieder Ingangkommen der Theoriediskussion, nachdem die Anwendung des allgemeinen Polizei- und Ordnungsrechtes zur Bekämpfung von Umweltgefahren sowie die im Wasserrecht gegebene Anwendbarkeit der Bestimmungen des Polizei- und Ordnungsrechtes über die Verantwortlichkeit diesem einen Wieder-Zuwachs an Bedeutung verschafft hat.[96] Angeregt wurde diese Diskussion insbesondere durch die Arbeiten *Pietzckers*[97] und *Gantners*[98], die die Kriterien der Pflichtwidrigkeit und der Risikozurechnung zur Ausfüllung und Eingrenzung der vom Gesetz auf Verursachung gestützten Verantwortlichkeit vorschlagen.[99]

---

94 *Papier,* Altlasten, S. 37; *ders.*, UTR 1, S. 70 f.; *ders.*, DVBl 1985, 873, (877); *ders.*, NVwZ 1986, 256, (259); *ders.*, et 1987, 437, (438).

95 *VGH Mannheim,* Beschl. v. 11. 9. 1986 – Az. 5 S 2295/86, S. 5.

96 *Götz,* NVwZ 1987, 858, (862).

97 *Pietzcker,* DVBl 1984, 457.

98 *Gantner,* Verursachung und Zurechnung im Recht der Gefahrenabwehr.

99 *Götz,* NVwZ 1987, 858, (862).

Nach Auffassung *Pietzckers* ist das Unmittelbarkeitskriterium zeitlich, d.h. im Sinne der „letzten" Ursache aufzufassen. Deshalb versage es in wichtigen Fällen.[100] Die Frage nach dem sich rechtswidrig verhaltenden Störer[101] sei zwar dort hilfreich, wo spezielle Verhaltensnormen bestehen, weil der Adressat der Verhaltensnorm hinreichend deutlich bestimmt sei, und damit die Subsumtion zum Störer führe. In vielen umstrittenen Fällen fehle indes eine solche Verhaltensnorm. Stelle man dann auf die Generalklausel ab, die störende Verhaltensweisen und Zustände für rechtswidrig erklärt, gerate man in Gefahr, sich im Kreis zu bewegen.[102] Das Problem liegt nach *Pietzcker* in der Unklarheit, ob die Rechtswidrigkeit unabhängig von der polizeilichen Generalklausel gegeben sein muß, so daß die Generalklausel nur daran anknüpft, oder ob die Generalklausel selbst einen – und wenn ja, was für einen – Rechtswidrigkeitsmaßstab liefert. Nach Ansicht *Pietzckers* soll sich das Rechtswidrigkeitsurteil aus der sonstigen Rechtsordnung *und* der Generalklausel ergeben. Die Generalklausel ist hiernach nicht nur eine Ermächtigung an die Polizei, sondern statuiert zugleich die Pflicht eines jeden, sein Verhalten und sein Eigentum so einzurichten, daß keine Polizeigefahr besteht (sog. „materielle Polizeipflicht").[103] Die crux dieser materiellen Polizeipflicht liegt allerdings darin, daß der (konkrete) Adressat dieser Pflicht unbestimmt ist. *Einen* Bestimmungsfaktor enthält die Generalklausel nach *Pietzcker* indes, indem sie lediglich zum Einschreiten bei einer *konkreten* Gefahr ermächtigt, also auch nur zur Vermeidung einer konkreten Gefahr verpflichtet.[104]

Eine weitere Eingrenzung gelingt nach dieser Auffassung nur, wenn man zusätzlich auf die Pflichtwidrigkeit abstellt. Entscheidend hierfür ist, daß sich die Pflichten weder nur aus der Generalklausel selbst noch nur aus der sonstigen Rechtsordnung, sondern nur aus der *Einheit von Generalklausel und sonstigen Normen zu gewinnen sind.* Die sonstige Rechtsordnung enthält demnach mannigfache pflichten- und rechtsbegründende Elemente, die in die Auslegung der Generalklausel hineinwirken. Die Generalklausel selbst ist gleichzeitig als offene Norm zu verstehen, die eine allgemeine, aber keineswegs unbegrenzte Nichtstörungspflicht statuiert. Wo die Grenze zwischen geschützter Rechts- oder Freiheitsausübung und Störung verläuft, wo die Freiheitsausübung in pflichtwidrige Gefährdung umschlägt, muß im Einzelfall durch rechtliche Wertung herausgearbeitet werden.[105] Die somit notwendige Konkretisierung der „allgemeinen Nichtstörungspflicht" ähnelt nach *Pietzcker* durchaus der zivilrechtlichen Entwicklung von *Verkehrs(sicherungs)pflichten.* Freilich

---

[100] *Pietzcker,* DVBl 1984, 457, (458).

[101] *Schnur,* DVBl 1962, 1, (3 ff.).

[102] *Pietzcker,* DVBl 1984, 457, (459); ebenso *Kloepfer,* UTR 1, S. 25; *ders.,* NuR 1987, 7, (9).

[103] *Pietzcker,* DVBl 1984, 457, (459).

[104] *Pietzcker,* DVBl 1984, 457, (459).

[105] *Pietzcker,* DVBl 1984, 457, (459).

sollen im Polizeirecht die Pflichten weiter reichen, weil es nicht nur um die generell im Verkehr zu beachtende Sorgfalt geht. Hinzutreten muß darüber hinaus eine an Gefahrsphären orientierte Risikozurechnung.[106] Im Polizeirecht kann auch eine für sich genommen rechtmäßige Handlung, die eine Gefahr verursacht, zur polizeirechtlichen Verantwortlichkeit führen.[107] Da hier der Gedanke der Pflichtwidrigkeit nicht weiterführt, ist er um das Element der normativen Risikozuweisung zu ergänzen.[108]

Dieser neue Ansatz ist teilweise auf Kritik gestoßen. Kern dieser Kritik ist die Heranziehung der *gesamten* Rechtsordnung zur Bestimmung des Pflichtenkreises. Es wird argumentiert, daß die Pflichtwidrigkeit im polizeirechtlichen Sinne und damit die Risikozurechnung im allgemeinen Recht der Gefahrenabwehr nicht nach den Maßstäben privatrechtlicher Verhaltenspflichten beurteilt werden könnten.[109] Eine legislatorische Risiko- und Lastenverteilung im Verhältnis zwischen Privaten stelle nicht zugleich die (auch) in der Staat-Bürger-Relation maßgebliche Zurechnung und Abgrenzung der Risikosphären dar. Die privatrechtlichen Verkehrssicherungspflichten seien überdies im zivilrechtlichen Deliktsrecht nur sanktioniert, wenn sie schuldhaft verletzt werden. Außerdem gelte für privatrechtliche deliktische Ansprüche die dreijährige Verjährungsfrist des § 852 BGB. Der Versuch, die objektiven zivilrechtlichen Verkehrspflichten in das Polizeirecht zu transponieren müsse nach alldem als „recht willkürlich" und als unstatthaft angesehen werden.[110] Demgegenüber wird darauf hingewiesen, daß nicht jede zivilrechtliche Rechtspflicht auch eine polizeirechtlich relevante Risikozuweisung enthalte. Maßgebend sei ein der Pflicht innewohnender *Gemeinwohlbezug*, der für die polizeirechtliche Berücksichtigung legitimierend wirke.[111] Daß zivilrechtliche Regelungen stets *auch* im Interesse eines sinnvoll geordneten Interessenausgleichs in der Gesellschaft getroffen werden und damit im Interesse der Allgemeinheit liegen, könne dafür allerdings noch nicht ausreichen.[112] In Gestalt der Verkehrspflichten enthalte das Zivilrecht jedoch Regelungen, deren Schutz-

---

106 *Pietzcker,* DVBl 1984, 457, (460).

107 Vgl. die Beispiele bei *Gantner,* Verursachung, S. 55.

108 *Pietzcker,* DVBl 1984, 457, (460); *Kloepfer,* UTR 1, S. 25; *ders.,* NuR 1987, 7, (9); *Gantner,* Verursachung, S. 53 ff.

109 So schon *Erichsen,* VVDStRL 35 (1976), 171, (205 mit Fußn. 209). *Papier,* Altlasten, S. 33; *ders.,* UTR 1, S. 71 ff.; *ders.,* NVwZ 1986, 256, (260); *ders.,* et 1987, 437, (438 f.); *Selmer,* Gedächtnisschrift W. Martens, S. 496 f.

110 Insbesondere *Papier,* UTR 1, S. 71 f.; *ders.,* NVwZ 1986, 256, (260); *Selmer,* Gedächtnisschrift W. Martens, S. 496 f.; *Medicus,* Diskussionsbeitrag, UTR 1, S. 103 f.

111 *Kloepfer,* UTR 1, S. 29; *ders.,* NuR 1987, 7, (11); zust. *Koch,* Bodensanierung, S. 16 mit Fußn. 44; *Herrmann,* DÖV 1987, 666, (671); vgl. auch *dens.,* Flächensanierung, S. 124.

112 In diese Richtung aber *Bott,* Die Verantworlichkeit wegen des Verhaltens Dritter im allgemeinen Sicherheits- und Polizeirecht, S. 79 f.; *Vollmuth,* VerwArch 68 (1977), 45, (53); wohl auch *Beye,* Zur Dogmatik polizeirechtlicher Verantwortlichkeit, S. 108. Ablehnend *Selmer,* Gedächtnisschrift W. Martens, S. 495 mit Fußn. 54.

richtung durchaus parallel dem Polizeirecht zu sehen sei. Verkehrspflichten normierten Verhaltensanforderungen in einem Bereich, in dem Schäden noch nicht entstanden seien; ihre Funktion sei die Abwehr von Gefahren von dem (unbekannten) Einzelnen als Mitglied der Allgemeinheit.[113] Daher könne als behutsam zu handhabende Faustregel gelten, daß eine polizeirechtliche Verhaltensverantwortlichkeit jedenfalls immer dann vorliege, wenn eine (auch) gemeinwohlbezogene zivilrechtliche Verkehrssicherungspflicht verletzt werde.[114] Im übrigen erscheine es – soweit auf die Unterschiede zwischen privatem und öffentlichem Recht abgestellt werde – nicht einleuchtend, die Rückgriffsmöglichkeit des Zivilrechts auf das öffentliche Recht nur „einbahnstraßenartig“ zu sehen, weshalb auch die Orientierung des öffentlichen Rechts an zivilrechtlichen Vorstellungen möglich sein müsse.[115]

Insgesamt aber ist die Lehre von der Zurechnung nach Pflichtwidrigkeit und Risikosphäre zustimmend aufgenommen worden. Interessant und nicht ganz unproblematisch ist indessen das Verhältnis dieser Zurechnungslehre zur Unmittelbarkeitslehre. Auch Vertreter der Unmittelbarkeitslehre stehen – wie gesehen – der Einbeziehung von Risikozuweisungen als sog. wertende Kriterien im Rahmen der Bestimmung der unmittelbaren Ursache nicht fern.[116] *Erichsen* hatte für alle Zurechnungslehren konstatiert, bei der Bestimmung der ordnungs- und polizeirechtlichen Verantwortlichkeit gehe es um ein *allgemeines* Risikoverteilungsprinzip, nämlich um die Frage, wer die mit der Gefahren- oder Störungsbeseitigung verbundene Belastung zu tragen habe.[117] Dementsprechend konstatiert *Götz,* daß ein Gegensatz zur überkommenen Lehre von der unmittelbaren Verursachung nicht bestehe, sei diese doch selbst nichts anderes als eine praktikable Form für Risikozurechnung („Überschreitung der Gefahrengrenze“), die in den meisten Fällen (wenn auch nicht ausnahmslos) greife und zu angemessenen Risikoverteilungen führe.[118] Nicht ganz eindeutig ist die Haltung *Pietzckers,* der einerseits die Frage nach dem unmittelbaren Störer durch eine Ermittlung der jeweiligen Pflichtenlage und der jeweiligen Risikosphäre „ersetzen“ will[119], wenig später jedoch zu dem Resümee gelangt, die Unmittelbarkeit der Ursache – im Sinne einer aktuellen Mitwirkung in der konkreten Gefahrensituation – sei notwendige aber nicht hinreichende Bedingung der Störereigenschaft. Hinzukommen müsse eine Pflichtwidrigkeit oder Risikozurechnung.[120] Demgegenüber haben andere

[113] *Herrmann,* DÖV 1987, 666, (671) mit dem Hinweis auf *v. Bar,* Verkehrspflichten, S. 201, der von den „Verkehrspflichten als Polizeigesetzen des Privatrechts“ spricht.

[114] *Kloepfer,* UTR 1, S. 29; *ders.,* NuR 1987, 7, (11).

[115] *Kloepfer,* UTR 1, S. 30; *ders.,* NuR 1987, 7, (11).

[116] Etwa *Friauf,* in: v. Münch, (Hrsg.), Besonderes Verwaltungsrecht, S. 213.

[117] *Erichsen,* VVDStRL 35 (1976), 171, (204 f.) (Hervorhebung im Original).

[118] *Götz,* NVwZ 1987, 858, (862).

[119] *Pietzcker,* DVBl 1984, 457, (464).

[120] *Pietzcker,* a.a.O.; kritisch zu diesem Widerspruch *Herrmann,* DÖV 1987, 666, (671).

Vertreter dieser Richtung den Versuch unternommen, die Untauglichkeit des Unmittelbarkeitskriteriums schlechthin nachzuweisen.[121] Der weitere Gang der Diskussion wird erweisen, ob der Theorie von der Zurechnung nach Pflichtwidrigkeit und Risikosphären angesichts der zu Tage getretenen Inkorporierungstendenzen ein eigenständiger dogmatischer Gehalt verbleiben wird.

b) Die Rolle der Gefahrenerkennbarkeit in der Theorie der Zurechnung nach Pflichtwidrigkeit und Risikosphäre

aa) Die Auffassung des *VGH Mannheim*

Einen sehr dezidierten Standpunkt hat der *VGH Mannheim* in seinem erwähnten[122] Beschluß vom 11. 9. 1986[123] eingenommen. Ohne die Theorie der Zurechnung nach Pflichtwidrigkeit und Risikosphäre beim Namen zu nennen, aber unter ausdrücklicher Bezugnahme auf die Ausführungen *Pietzckers*[124], führt das Gericht aus, daß die Betreiberin in rechtswidriger Weise die Ursache für die Gefahr gesetzt habe. In dem Fall, daß die Rechtsordnung keine Vorschriften über das Betreiben einer Anlage enthalte, sei es Sache des jeweiligen Betreibers, objektiv geeignete Maßnahmen zur Gefahrvermeidung zu treffen. Geschehe dies nicht, so sei dies objektiv rechtswidrig und zwar unabhängig davon, ob der Betreiber der Anlage dies nach dem damaligen Stand von Wissenschaft und Technik habe erkennen können. Maßgeblich sei allein die objektive Situation, nicht die Möglichkeit des als Störer in Anspruch Genommenen, die objektiv gegebene Gefahrenlage als solche erkennen zu können. Etwas anderes könne nur gelten, wenn die Maßnahmen zur Gefahrvermeidung rechtlich, etwa durch Rechtsverordnung oder normkonkretisierende Verwaltungsvorschrift vorgegeben wären.[125]

bb) Die Auffassung *Kochs* und *Herrmanns*

Nach Auffassung *Kochs* gilt es, was die Bestimmung von Verhaltenspflichten angeht, die polizeirechtlich erhebliche verkehrserforderliche Sorgfalt zu bestimmen. Sinnvolle Anknüpfungspunkte hierfür können Pflichtenbestimmungen in der gesamten übrigen Rechtsordnung sein. Dabei sind *zivilrechtliche* Pflichtbestimmungen jedenfalls dann polizeirechtlich erheblich, wenn diese Pflichten zumindest auch der öffentlichen Sicherheit oder Ordnung zu

121 Insbesondere *Koch,* Bodensanierung, S. 13 ff.; *Herrmann,* DÖV 1987, 666, (667 ff.); auch *Gantner,* Verursachung, S. 85 ff., 108.

122 Zum Sachverhalt vgl. oben I. 3. a).

123 Az. 5 S 2295/86, S. 4 f.

124 *VGH Mannheim,* Beschl. v. 11. 9. 1986 – Az. 5 S 2295/86, S. 3.

125 *VGH Mannheim,* Beschl. v. 11. 9. 1986 – Az. 5 S 2295/86, S. 4 f.

dienen bestimmt sind, wie dies bei den Verkehrssicherungspflichten der Fall ist.[126] Dieser Rückgriff auf primär zivilrechtliche Pflichten stellt die polizeirechtliche Dogmatik aber vor die Frage, ob mit den Pflichten auch die zivilrechtlichen Voraussetzungen eines Pflichtenverstoßes, nämlich insbesondere die Erfordernisse adäquater Kausalität und eines schuldhaften Handelns übernommen werden.[127] Im Anschluß an *Gantner*[128] vertritt *Koch* hierzu die Auffassung, daß im Interesse der Handlungsfreiheit Verhaltensanweisungen nicht gerechtfertigt sein könnten, die auf die Vermeidung nicht voraussehbarer Erfolge zielten. Deshalb ist nach seiner Auffassung Erkennbarkeit, nicht aber notwendigerweise Beherrschbarkeit der Gefahrensituation zu fordern.[129] Der Handelnde hätte im Fall der Erkennbarkeit der mit seinem Verhalten verbundenen unvermeidlichen Gefahren sein Verhalten einstellen können. Wolle man auf das Kriterium der Erkennbarkeit verzichten, so wäre man bei der im Polizeirecht einhellig abgelehnten Theorie der Äquivalenz aller Ursachen angelangt.[130] Für eine derartige Interpretation gebe es auch keine guten Gründe. Die polizeirechtliche Störerbestimmung sei vor allem eine Frage der Kostenanlastung, nicht aber der effektiven Gefahrenabwehr. Es müßten daher Gründe genannt werden, die eine Kostenbelastung auch desjenigen rechtfertigen, der die von seinem Verhalten ausgehenden Gefahren *nicht erkennen mußte*.[131] Für den Bereich des Umweltschutzrechts, insbesondere der Altlastensanierung könnte das *Verursacherprinzip* in der Umweltpolitik Aufschlüsse ergeben. Indes sei festzustellen, daß alle hierzu vertretenen Konzeptionen eine *Steuerung des Verhaltens der Wirtschaftssubjekte* erstreben. Eine solche Steuerung setze aber voraus, daß die „drohenden" Kosten für die Inanspruchnahme der Umwelt jedenfalls *erkennbar* seien.[132]

Auch *Herrmann* versieht die Risikozurechnung mit der Einschränkung, daß die Verantwortlichkeit angesichts ihrer immerhin denkbaren prohibitiven Wirkung dann nicht mehr gerechtfertigt werden könne, wenn die Folgen risikobehafteten Verhaltens außerhalb jeder Erkennbarkeit liegen. Die grundgesetzlich garantierte Freiheit des Handelns dürfe nicht mit solchen staatlichen Sanktionen bedroht werden können, die nicht bei Wahrnehmung dieser Freiheiten mit einkalkulierbar sind. Dabei könne es jedoch nicht auf individuelle, subjektive Erkennbarkeit ankommen, gefordert sei ein objektiver Maßstab.

---

[126] *Koch,* Bodensanierung, S. 15 f.

[127] *Koch,* Bodensanierung, S. 18.

[128] *Gantner,* Verursachung, S. 163.

[129] *Koch,* Bodensanierung, S. 18. Zum Zusammenhang zwischen Erkennbarkeit und Bestehen von Verkehrssicherungspflichten im Privatrecht *Medicus,* JZ 1986, 778, (782 f.).

[130] *Koch,* Gutachten, in: Bodensanierung, S. 53.

[131] *Koch,* Gutachten, in: Bodensanierung, S. 53 (Hervorhebung durch *Verfasser*).

[132] *Koch,* Gutachten, in: Bodensanierung, S. 53 f. (Hervorhebungen im Original); *Medicus,* JZ 1986, 778, (783).

Erkennbar sei das Schadensrisiko bei Nichteinhaltung von Verkehrspflichten, möge den einzelnen auch kein Verschulden treffen; erkennbare Risiken des Betriebs von Kraftfahrzeugen seien Unfälle im Straßenverkehr, auch wenn diese im Einzelfall „unabwendbare Ereignisse“ sein mögen; erkennbar sei auch das Risiko einer Gewässerverunreinigung bei der Produktion und dem Umgang mit wassergefährdenden Stoffen.[133]

cc) Die Auffassung *Kloepfers*

Nach Ansicht *Kloepfers* kann die Zurechnung einer aufgrund des geänderten technischen oder naturwissenschaftlichen Erkenntnisstandes zu Tage getretenen Gefahr nicht generell verneint, aber auch nicht einzig damit begründet werden, daß die Handlung von Anfang an objektiv polizeiwidrig gewesen sei und es auf die damalige Erkennbarkeit überhaupt nicht ankomme.[134] Die Zurechnung müsse vielmehr aufgrund zusätzlicher und differenzierender Legitimationserwägungen erfolgen. Dabei unterscheidet *Kloepfer* zwischen der Zurechnung aufgrund einer bestimmten Verhaltenspflicht und der Zurechnung aufgrund der Realisierung eines dem Betreffenden zugewiesenen Risikos.[135] Ausgangspunkt ist dabei, daß die Generalklausel keinen umfassenden „Nichtstörungsvorbehalt“ statuiert, der dem Bürger eine umfassende Garantenstellung für die eigene Gemeinwohlverträglichkeit auferlegt und ihn damit in verfassungsferner Weise zum Objekt einer polizeilichen Zugriffsordnung macht. Hinzukommen muß nach dieser Auffassung weiter ein pflichtwidriges oder besonderes gefährliches Verhalten, das eine Gefahr verursacht hat, sowie, daß sich ein Risiko realisiert hat, das mit dem Verhalten verbunden ist und für das der Bürger aufgrund einer polizeirechtlich relevanten Risikozuweisung einzustehen hat.[136] Ist eine derartige Risikozurechnung möglich, soll es auf die Erkennbarkeit der konkreten Gefahrenlage nicht mehr ankommen. Hingegen muß das mit der Handlung verbundene (generelle) Risiko – im Gegensatz zu der (konkreten) Gefahr – erkennbar sein. Dabei soll die allgemeine Erkennbarkeit eines erhöhten Risikopotentials ausreichen; mit anderen Worten: Das Risiko muß mit dem Verhalten typischerweise verbunden sein.[137] Als Anknüpfungspunkte für derartige Risikozuweisungen kommen nach *Kloepfer* die zivilrechtlichen Verkehrssicherungspflichten in Betracht. Die ordnungsrechtliche Verantwortlichkeit für ein Verhalten, dessen Folgen aufgrund des zum Zeitpunkt der Vornahme bestehenden wissenschaftlich-

---

[133] *Herrmann,* DÖV 1987, 666, (673 f.); *ders.,* Flächensanierung, S. 124 f.

[134] So aber *VG Karlsruhe,* Beschl. v. 16. 5. 1986 – Az. 9 K 37/86, S. 17 ff.; *VGH Mannheim,* Beschl. v. 11. 9. 1986 – Az. 5 S 2295/86, S. 4 f.; *Schink,* DVBl 1985, 161, (169).

[135] *Kloepfer,* Rechtsprobleme der Altlastensanierung, S. 60 f.

[136] *Kloepfer,* Rechtsprobleme der Altlastensanierung, S. 61 ff.

[137] *Kloepfer,* Rechtsprobleme der Altlastensanierung, S. 63 f.

technischen Erkenntnisstandes unvorhersehbar sind, knüpft dabei nicht an ein die in Frage stehende Handlung betreffendes Unwerturteil an. Vielmehr können solche Handlungen sogar sozial erwünscht sein. Indes nehme der Staat bestimmte Tätigkeiten wegen ihrer Risikobehaftetheit nur in Verbindung mit einer entsprechenden Risikozuweisung an den Handelnden hin. Diese Risikozuweisung umfasse alle diejenigen Gefahren, die sich bei einer *ex-post* Betrachtungsweise als typische Folge der erkennbar risikobehafteten Tätigkeit darstellen.[138] Nach der Auffassung *Kloepfers* kann mithin eine bestehende Gefahrenlage auch im Falle der Unerkennbarkeit der Gefährlichkeit aufgrund einer allgemeinen Risikozuweisung zurechenbar sein.[139]

Angesichts der prinzipiellen Verschuldensunabhängigkeit des Polizeirechts sei es überdies vorstellbar, auch bei nicht schuldhaften Verletzungen zivilrechtlicher Verkehrssicherungspflichten an die Begründung polizeirechtlicher Verantwortung zu denken. Hierfür spreche, worauf auch *Koch* hingewiesen hat[140], daß das Verschuldenskriterium bei den Verkehrssicherungspflichten mit den Instrumenten des Anscheinsbeweises, der Beweislastumkehr, der Verschuldensvermutung, eher minimiert wird, was zu einer Annäherung an die zivilrechtliche Gefährdungshaftung führe.[141]

IV. Die rechtsfolgenorientierten Restriktionstendenzen beim polizeirechtlichen Verursacherbegriff – Die Problematik

1. Meinungsstand

Betrachtet man die gerade in Zusammenhang mit der Altlastenproblematik ergangenen Stellungnahmen zu der hier interessierenden Frage, so wird in manchen von ihnen deutlich, daß es weniger die Tatsache der polizeirechtlichen Zurechnung trotz Unerkennbarkeit der Gefahrverursachung selbst ist, die Mißbehagen erregt, als vielmehr die daraus resultierenden Folgen, die für den Betroffenen entstehen können, als unangemessen betrachtet werden.[142] Diese Feststellung ist an sich nicht neu. Bereits bei der Diskussion des Problemkreises „Adressaten und Mittel des polizei- und ordnungsbehördlichen Handelns“, die die Vereinigung der Deutschen Staatsrechtslehrer 1976

---

[138] *Kloepfer,* Rechtsprobleme der Altlastensanierung, S. 66 f. (Hervorhebung durch *Verfasser*).

[139] *Kloepfer,* Rechtsprobleme der Altlastensanierung, S. 69.

[140] *Koch,* Bodensanierung, S. 18.

[141] *Kloepfer,* UTR 1, S. 30 mit Fußn. 50; *ders.,* NuR 1987, 7, (11).

[142] Symptomatisch dafür sind die Stimmen in der Diskussion, die bei Verneinung eines Einflusses der Gefahrenerkennbarkeit zumindest eine Begrenzung des Umfanges der Inanspruchnahme fordern, so *Götz,* NVwZ 1987, 858, (862); *Kothe,* ZRP 1987, 399, (402).

führte[143], war eine Reihe von Stimmen laut geworden, die im Hinblick auf die komplexer werdenden Lebenssachverhalte Anlaß zum Überdenken der überkommenen polizeirechtlichen Haftungstatbestände sahen. *Ossenbühl* wies – wenn auch ausdrücklich unter Beschränkung der Gültigkeit seiner Ausführungen für den Bereich der Zustandshaftung – darauf hin, daß hinter der Verursachungszurechnung zunehmend die Frage der Finanzierung der Gefahrenabwehr stecke, und schlug vor, vor diesem Hintergrund das überkommene Prinzip der rigorosen Gefährdungshaftung in Frage zu stellen; einmal unter dem Gesichtspunkt der Neuabgrenzung der Risikosphären, zum anderen aber auch durch einen möglichen zunehmenden Einbau subjektiver Elemente in die polizeilichen Haftungstatbestände.[144] *Friauf* sprach von dem „unbedingt notwendigen Versuch, die bisherige absolute Starrheit des Störerbegriffs aufzulösen". Sie sei aus einer Zeit tradiert, in der die Störerverantwortung tatsächlich im allgemeinen auf den eigenen beherrschbaren Bereich des einzelnen begrenzt geblieben sei. Diese Situation habe sich in den letzten Jahrzehnten grundlegend geändert. Nunmehr habe man es vielfach mit Gefahrensituationen zu tun, an die bei der Herausbildung des klassischen Störerbegriffes niemand habe denken können. Heute würden durch die Störerqualifikation oftmals Risiken in einer Weise verteilt, für die materiell keine Berechtigung zu erkennen sei.[145]

2. Polizeipflicht als Kostentragungspflicht

Eine von verschiedenen Autoren konstatierte Entwicklung der Polizeipflicht hin zur Kostentragungspflicht mit wachsenden Dimensionen[146] wird auch für den Bereich der Verhaltensverantwortlichkeit zum Anlaß genommen, über eine Restriktion der Verhaltenshaftung nachzudenken.

Ausgangspunkt ist dabei folgende Überlegung: Das Dogma von der Verschuldensunabhängigkeit des Polizeirechts wird damit begründet, daß das Polizeirecht lediglich auf objektive Zustände abziele. Anders als im Zivil- und Strafrecht soll es nicht darum gehen, dem Täter einen rechtlichen Vorwurf zu machen oder ein Unwerturteil über ihn zu fällen. Das Polizei- und Ordnungsrecht will nicht ahnden oder wegen Verschuldens zur Verantwortung ziehen, sondern dient einzig der Herstellung polizeimäßiger Zustände.[147] Je höher indes die Kosten steigen, die zur Gefahren- oder Störungsbeseitigung aufge-

---

[143] VVDStRL 35 (1977), 345 ff.

[144] *Ossenbühl,* Diskussionsbeitrag, VVDStRL 35 (1977), 345, (346 f.).

[145] *Friauf,* Diskussionsbeitrag, VVDStRL 35 (1977), 350.

[146] *Selmer,* Gedächtnisschrift W. Martens, S. 493 f.; auch *Herrmann,* DÖV 1987, 666, (669 f.).

[147] So bereits ausführlich *Schultzenstein,* VerwArch 14 (1906), 1, (18 ff., 22); aus der neueren Literatur etwa *Götz,* Allgemeines Polizei- und Ordnungsrecht, Rdn. 191; *Hennes,* Verursachungsbegriff, S. 3 ff., (16).

wandt werden müssen, desto mehr gewinnt auch die polizeiliche Inanspruchnahme des Verantwortlichen ihrer Auswirkung auf den Betroffenen nach Sanktionscharakter. Damit wird das zugrundeliegende Problem deutlich: Die Legtimationsanforderungen an die polizeirechtliche Inanspruchnahme werden größer, je einschneidender und sanktionsähnlicher sie sich auf den Betroffenen auswirkt.[148] Die folgenden Beispiele mögen dies illustrieren: Gesetzt den Fall, daß die Polizei wegen eines gerade eingegangenen Hinweises des Gasspürtrupps Kenntnis davon erlangt hat, daß aus einer undichten Gasleitung – bislang nur mit Meßgeräten feststellbar – Gas ausströmt, so soll sie einen Passanten, der gerade seine Zigarette in den Rinnstein werfen will (und damit eine Gasexplosion auslösen würde), entschädigungslos von seinem Tun abhalten können, obwohl sein Verhalten generell nicht geeignet ist, einen solchen Erfolg herbeizuführen, und es ihn nur wegen besonders eigenartigen, ganz unwahrscheinlichen Umständen zu verursachen droht.[149] Konsequenterweise müßte aus dieser Auffassung geschlossen werden, daß der Passant, der – nicht rechtzeitig daran gehindert – die Zigarette in den Rinnstein wirft und damit die Explosion verursacht, als polizeirechtlich Verhaltensverantwortlicher zur Störungsbeseitigung herangezogen werden dürfte und deren Kosten zu tragen hätte.[150] Umgekehrt läßt sich die Frage in dem Beispielsfall stellen, den *Jellinek* zur Begründung seines Postulats eines verschuldensbezogenen Verursacherbegriffes herangezogen hat: Der Bombenleger A beauftragt den ahnungslosen B, ein eine Höllenmaschine enthaltendes Paket im Hause des H abzugeben. Dort explodiert die Bombe, und zerstört das Haus so, daß es, um die Öffentlichkeit nicht zu gefährden, abgetragen werden muß. Da der Hauseigentümer nicht erreichbar und der Bombenleger A geflüchtet ist, verlangt die Behörde den Abbruch des Hauses (bzw. den Ersatz der dafür entstehenden Kosten) vom „unschuldigen B".[151] Eine Verneinung der Störereigenschaft des B würde dazu führen, daß die Polizei, gesetzt den Fall, sie habe den Plan des A erfahren, den B nicht entschädigungslos am Abliefern der Bombe hätte hindern dürfen.

Im Grunde sind beide Fälle befriedigend zu lösen, weil die Polizei sowohl den Passanten am Wegwerfen der Zigarette, als auch den B am Abliefern der Bombe auch dann hindern dürfte, wenn sie nicht als Verantwortliche angesehen werden[152], allerdings mit der Folge des Entstehens einer Schadensausgleichspflicht[153], die aber angesichts der Fallkonstellation vernachlässigens-

---

[148] In diesem Sinne etwa auch *Kloepfer,* UTR 1, S. 26; *ders.*, NuR 1987, 7, (10).

[149] Beispiel nach *Gantner,* Verursachung, S. 81; vgl. auch *Pietzcker,* DVBl 1984, 457, (460 f.).

[150] Insoweit wiederum zweifelnd *Gantner,* Verursachung, S. 82 f.

[151] *Jellinek,* RuPrVBl 52 (1931), 121, (122). Das Beispiel wird aufgegriffen von *Kerstiens,* RuPrVBl 52 (1931), 310, (311); *Franzen,* Lehrkommentar, S. 242 f., die zur Lösung die Lehre von der adäquaten Verursachung heranziehen.

[152] Vgl. etwa § 6 Abs. 1 MEPolG.

wert erscheint. Schwieriger erscheint hingegen folgendes Beispiel zu lösen: Ein Wagen stürzt bei Dunkelheit in eine unbeleuchtete und ungesicherte Baugrube.[154] Hier läßt sich die Auffassung vertreten, der Fahrer des Wagens sei, (unterstellt andere mögliche Verantwortliche seien nicht erreichbar), auch dann als Verhaltensverantwortlicher zur Beseitigung des Hindernisses verpflichtet, wenn diese Gefahr keineswegs vorhergesehen werden konnte.[155] Wandelt man das Beispiel indes dahingehend ab, daß durch den Sturz des Wagens eine Gasleitung beschädigt wird, deren – zur Gefahrbeseitigung notwendige – Reparatur außerordentlich kompliziert und kostspielig ist, so wird das Ergebnis bereits weniger eindeutig. Hier könnte auch so argumentiert werden, daß diese weitere Folge des Sturzes Ergebnis einer Verkettung von dem Fahrer nicht zurechenbaren unglückseligen Zufällen war.

3. Lösungsansätze

Es erscheint insgesamt jedenfalls nicht a limine abwegig, den faktischen Sanktionscharakter, der mit einer polizeilichen Inanspruchnahme verbunden sein kann, bei der Bestimmung des Verantwortlichen oder aber bei der Festlegung des Umfanges der Inanspruchnahme zu berücksichtigen.[156]

Unter dem Blickwinkel einer solchen folgenorientierten Betrachtungsweise[157] sind denn auch mehrere Vorschläge gemacht worden, die sich in zwei Gruppen unterscheiden lassen. Während die eine den polizeirechtlichen Verursachungstatbestand unangetastet lassen will und den Ausgleich zu dem von ihr als unbillig empfundenen Ergebnis auf der Rechtsfolgenseite sucht (Restriktion auf der „Sekundärebene"), setzt die andere Gruppe beim Verursachungstatbestand selbst an (Restriktion auf der „Primärebene"), und sucht durch die Einschränkung der Zurechnung ihr Ziel zu erreichen.

---

153 Vgl. etwa § 45 Abs. 1 Satz 1 MEPolG.

154 Beispiel nach *Wacke,* DÖV 1960, 93, (94).

155 *Wacke,* DÖV 1960, 93, (94); *Hennes,* Der Verursachungsbegriff, S. 26.

156 *Kloepfer,* UTR 1, S. 26; *ders.,* NuR 1987, 7, (10); *Selmer,* Gedächtnisschrift W. Martens, S. 493 ff.

157 Vgl. dazu etwa *Götz,* NVwZ 1987, 858, (862); *Kothe,* ZRP 1987, 399, (402), die die Notwendigkeit einer Abmilderung des Ergebnisses im Falle der polizeirechtlichen Inanspruchnahme infolge unerkennbarer Gefahrverursachung andeuten.

V. Restriktionsversuche auf der „Sekundärebene"

1. Aufspaltung von Störereigenschaft und Kostentragungspflicht

a) Ansätze zur Restriktion der Zustandshaftung

Insbesondere für den Bereich der Zustandshaftung wird eine Begrenzung des Umfanges der Inanspruchnahme erörtert. Anlaß für in diese Richtung gehende Erwägungen boten Kriegsschadenfälle[158], der Fall der Haftung des Grundstückseigentümers bei Ölunfällen[159] und der Schweinemäster-Fall.[160] Nach einer – namentlich von *Friauf* zu dieser Frage vertretenen – Auffassung können Grundrechte, insbesondere das Überschreiten der Sozialpflicht des Eigentums (Art. 14 Abs. 2 GG), zu einer Eingrenzung der Zustandshaftung führen. Außerhalb der Risikosphäre des Eigentümers soll ein Ereignis dann liegen, wenn der Eigentümer sich rechtmäßig verhalten hat, die Gefahr außerhalb des Eigentumsgebrauchs und außerhalb der Sachherrschaft entstand, für den Eigentümer objektiv unvorhersehbar war und ihn rein als Opfer traf. Wenn es sich um ein solch außergewöhnliches Ereignis handelt, soll dies der Risikosphäre der Allgemeinheit zugerechnet werden.[161] In diesen Fällen soll sich der Umfang der Zustandsverantwortlichkeit auf Duldungspflichten beschränken, so daß der Eigentümer von der Pflicht zur Tragung der Gefahrenabwehrkosten befreit wäre.[162] Als solche Ereignisse werden neben Kriegsschadenfällen oder den Auswirkungen von Ölunfällen[163] neuerdings auch Altlastenfälle genannt. Auch von Altlasten kontaminierte Grundstücke sollen nach Auffassung *Papiers* einer solchen Reduktion der Zustandshaftung unterfallen, wenn dem Eigentümer ohne eigene (Mit-)Verursachung aufgrund der Gefahrenlage der privatnützige Eigentumsgebrauch genommen oder verwehrt werde, und dieser dadurch (Haupt-)Opfer der Gefahren- oder Störungslage

---

[158] *Friauf,* FS G. Wacke, S. 295.

[159] Etwa *OVG Münster,* JZ 1964, 367, (368).

[160] *OVG Münster,* OVGE 11, 250.

[161] *Hohmann,* DVBl 1984, 997, (1001); *Friauf,* FS G. Wacke, S. 300 ff.; *ders.,* in: v. Münch (Hrsg.), Besonderes Verwaltungsrecht, S. 218; *Breuer,* JuS 1986, 359, (363); *Scholler / Broß,* Polizei- und Ordnungsrecht, S. 210 f.; *Rasch,* Allgemeines Polizei- und Ordnungsrecht, § 5 MEPolG, Rdn. 12, 15; *Schmidt-Salzer,* UTR 1, S. 139, (142); *Papier,* Altlasten, S. 48 ff.; *ders.,* UTR 1, S. 75 f.; *ders.,* DVBl 1985, 873, (878); *ders.,* NVwZ 1986, 256, (261 f.); *ders.,* et 1987, 437, (439); *Pietzcker,* DVBl 1984, 457, (463); im Grundsatz zustimmend auch *Kloepfer,* UTR 1, S. 44; *ders.,* NuR 1987, 7, (17).

[162] *Seibert,* DVBl 1985, 328, (329); *Gantner,* Verursachung, S. 215; *Friauf,* in: v. Münch (Hrsg.), Besonderes Verwaltungsrecht, S. 213; *Scholler / Broß,* Polizei- und Ordnungsrecht, S. 210 f.; *Rasch,* Allgemeines Polizei- und Ordnungsrecht, § 5 MEPolG, Rdn. 12, 15; *Scheier,* ZfW 1984, 333, (339 ff.); *Papier,* Altlasten, S. 51 und öfter.

[163] *Friauf,* FS G. Wacke, S. 295; insoweit zust. *Kloepfer,* UTR 1, S. 44; *ders.,* NuR 1987, 7, (17).

sei.[164] Dem wird indessen von *Kloepfer* entgegengehalten, daß bei Gefahren, die von Deponien oder Produktionsstätten ausgehen, die vom Eigentümer entgeltlich verpachtet oder vermietet wurden, dieser durch den privatnützigen Gebrauch zurechenbar dazu beigetragen habe, daß seine Sache nicht gemeinwohlverträglich genutzt wird. Für diese Fälle lehnt *Kloepfer* folglich eine Restriktion der Zustandshaftung auf reine Duldungspflichten ab.[165]

b) Einwände

Aber nicht nur die Fallgruppen, auf die diese Restriktion der Zustandshaftung erstreckt werden sollte, sind umstritten. Darüber hinaus sieht sich die Eingrenzung der Zustandshaftung auf eine reine Duldungspflicht ohne weitere Pflicht zur Kostentragung selbst grundsätzlicher Kritik ausgesetzt. Sie hat auch in der Rechtsprechung keine Gefolgschaft gefunden.[166] Ihr wird entgegengehalten, daß sie mit der geltenden Gesetzeslage nicht in Einklang stehe und vom Gesetzgeber auch nicht beabsichtigt sei.[167]

aa) Grundsätzliche Bedenken

Die Polizeipflicht des Störers und seine potentielle Kostenersatzpflicht stehen nicht selbstständig nebeneinander. Es handelt sich nicht um getrennte Pflichtenkreise mit jeweils eigenen materiell-rechtlichen Voraussetzungen. Vielmehr tritt die Kostenersatzpflicht des Störers, wenn die gesetzlichen Voraussetzungen vorliegen, an die Stelle der Beseitigungspflicht der Gefahr oder Störung durch den Verantwortlichen; sie ist m.a.W. das Surrogat der Eigenbeseitigung durch den Störer.[168] Diese in vollem Umfang bestehende Korrespondenz zwischen Störereigenschaft und Kostentragungspflicht zu zerreißen, hieße zunächst denjenigen Störer schlechter zu stellen, der von sich aus oder auf polizeiliche Anordnung hin selbst auf eigene Kosten Maßnahmen zur Störungsbeseitigung trifft.[169] Dieser hätte allenfalls[170] einen Ausgleichsanspruch

[164] *Papier,* Altlasten, S. 51; *ders.,* UTR 1, S. 75 f.; *ders.,* DVBl 1985, 873, (878); *ders.,* NVwZ 1986, 256, (261 f.); *ders.,* et 1987, 437, (439).

[165] *Kloepfer,* UTR 1, S. 44; *ders.,* NuR 1987, 7, (17).

[166] Aus neuerer Zeit *VGH Mannheim,* NVwZ 1986, 325, (326); *VGH München,* BayVBl 1986, 625, (626) sowie NVwZ 1986, 942, (944 f.); keinen Anlaß zur Einschränkung der Zustandshaftung in dieser Hinsicht sieht auch *VGH Kassel,* DÖV 1987, 260 f.

[167] *Drews / Wacke / Vogel / Martens,* Gefahrenabwehr, S. 320 f. Hiergegen wird von *Scheier,* ZfW 1984, 333, (340) eingewandt, daß auch die Kritiker dieser Lösung immerhin für das Ergebnis der Freistellung Verständnis zeigten.

[168] *Selmer,* Gedächtnisschrift W. Martens, S. 492; *VGH München,* BayVBl 1986, 625, (626).

[169] *Seibert,* DVBl 1985, 328. *Selmer,* Gedächtnisschrift W. Martens, S. 492; *Schenke,* in: Steiner (Hrsg.), Besonderes Verwaltungsrecht, Kap. II, Rdn. 97.

[170] Gegen einen Ausgleichsanspruch etwa *BGH,* DÖV 1981, 843, (844), *Götz,* Allgemeines Polizei- und Ordnungsrecht, Rdn. 238; *Papier,* Altlasten, S. 72 f.; *ders.,* UTR

gegen andere Störer.[171] Dies hieße faktisch aber, den Störer auffordern, eigene Maßnahmen zu unterlassen und das Tätigwerden der Polizei oder von ihr beauftragter Dritter abzuwarten, deren Tätigwerden ihn kostenmäßig nicht belasten könnte.[172] Mit dem Gebot der effizienten Gefahrenbeseitigung wäre ein solches Ergebnis nicht zu vereinbaren. Es würde aber auch bedeuten, daß eine polizeiliche Anordnung, eine Gefahr oder Störung zu beseitigen, falls die Beseitigung mit Kosten verbunden ist, trotz Verbindlichkeit und Bestandskraft nicht durchsetzbar wäre.[173] Endlich würde eine Zweiteilung der polizeirechtlichen Haftung in eine mit Kostentragungspflicht und eine ohne Kostentragungspflicht angesichts der unbestimmten Kautelen der Befürworter einer solchen Restriktion („außergewöhnliche, außerhalb der Risikosphäre des Eigentümers liegende Ereignisse"[174], „Opferposition"[175]), zu einer Fülle neuer Abgrenzungsschwierigkeiten führen, wie nicht zuletzt die Differenz zwischen *Papier* einerseits[176] und *Kloepfer* andererseits[177] über eine Restriktion der Zustandshaftung gegenüber Eigentümern kontaminierter Altlasten-Standorte zeigt. Den Befürwortern dieser Lösung wird daher auch vorgeworfen, daß es sich nicht um hinreichend tragfähige Kriterien handele, die eine verläßliche und den Anforderungen des Gleichheitssatzes (Art. 3 Abs. 1 GG) genügende Unterscheidung zwischen dem Eigentümer zurechenbaren und solchen Gefahren erlaubten, für deren Beseitigungskosten er nicht aufzukommen habe.[178]

bb) Bedenken gegen eine Restriktion der Verhaltenshaftung

Zu diesen allgemein gegen eine Abkoppelung der Kostentragungspflicht von der polizeirechtlichen Verantwortlichkeit stehenden Bedenken kommt ein weiterer, speziell die Verhaltensverantwortlichkeit betreffender Gesichtspunkt hinzu. Voraussetzung einer Haftungsreduktion soll nach Auffassung ihrer Befürworter bei der Zustandshaftung der Fall sein, daß der Eigentümer sich rechtmäßig verhalten hat, die Gefahr außerhalb des Eigentumsgebrauchs und außerhalb der Sachherrschaft entstand, für ihn objektiv unvorhersehbar

1, S. 80 f.; *ders.*, DVBl 1985, 873, (879); *ders.*, NVwZ 1986, 256, (263); *ders.*, et 1987, 437, (440); *Schwachheim*, NVwZ 1988, 225 ff.

[171] *Seibert,* DVBl 1985, 328; *Schenke,* in: Steiner (Hrsg.), Besonderes Verwaltungsrecht, Kap. II, Rdn. 101; *Kloepfer,* Altlasten als Rechtsproblem, S. 135 ff.; *ders.*, UTR 1, S. 48 f.; *ders.*, NuR 1987, 7, (18); wohl auch *Drews / Wacke / Vogel / Martens,* Gefahrenabwehr, S. 302.

[172] *Seibert,* DVBl 1985, 328.

[173] *Selmer,* Gedächtnisschrift W. Martens, S. 492.

[174] Vgl. *Schenke,* in: Steiner, (Hrsg.), Besonderes Verwaltungsrecht, Kap. II, Rdn. 97.

[175] Vgl. *Papier,* Altlasten, S. 50 f. und öfter.

[176] *Papier,* Altlasten, S. 54 f.; *ders.*, UTR 1, S. 75 f.; *ders.*, DVBl 1985, 873, (878); *ders.*, NVwZ 1986, 256, (261 f.); *ders.*, et 1987, 437, (439).

[177] *Kloepfer,* UTR 1, S. 44; *ders.*, NuR 1987, 7, (17).

[178] *Drews / Wacke / Vogel / Martens,* Gefahrenabwehr, S. 321.

war und ihn *rein zufällig als Opfer traf.*[179] (Grund-)Voraussetzung für eine Haftungsreduktion beim Zustandsstörer ist mithin, daß er an dem Entstehen der Gefahr oder der Störung in keiner Weise ursächlich mitgewirkt haben darf. Genau dies ist indes beim Verhaltensverantwortlichen der Fall.[180] Mag man auch die Reduktion der Verhaltenshaftung bei Verursachung unerkennbarer Gefahren für rechtlich geboten halten, so wird man doch mit Sicherheit nicht die Auffassung vertreten können, der Handelnde sei zum „Opfer" seines eigenen Verursachungsbeitrages geworden. Hinzu kommt folgende Erwägung: Während beim Zustandsstörer auch bei Verneinung der Kostentragungspflicht – und damit mittelbar einer durchsetzbaren Beseitigungspflicht überhaupt – als Anknüpfungspunkt polizeilicher Inanspruchnahme immerhin noch die Duldungspflicht der Gefahren- oder Störungsbeseitigung auf seinem Grundstück übrigbleibt, wird eine entsprechende Verpflichtung des Verhaltensverantwortlichen in aller Regel fehlen. Dies würde aber bedeuten, daß der Verhaltensverantwortliche bei Wegfall der Kostentragungspflicht und den damit verbundenen geschilderten Folgen *aller* (durchsetzbaren) Pflichten ledig wäre. Dieses Ergebnis erscheint indes auch bei Anerkennung einer Restriktionsbedürftigkeit der Verhaltenshaftung bei Verursachung unerkennbarer Gefahren mit Gerechtigkeitserwägungen nicht vereinbar, denn es würde der Tatsache in keiner Weise mehr Rechnung tragen, daß der Tatbestand der polizeilichen Inanspruchnahme dem Grunde nach gegeben ist. Auch würde ein solches Ergebnis die Bemühungen in Schrifttum und Wissenschaft, angemessene Kriterien zur Bestimmung des polizeirechtlich Verhaltensverantwortlichen zu finden, schlechterdings konterkarieren.

2. Einschränkung auf der Zumutbarkeitsebene

Bereits *v. Müller* versuchte, die Lösung des „Bombenlegerbeispiels", das *Jellinek* in die polizeirechtliche Diskussion gebracht hatte[181], mit Erwägungen zur Zumutbarkeit der Inanspruchnahme des „unschuldigen B" zu lösen.[182] Im

---

[179] So *Hohmann,* DVBl 1984, 997, (1001) (Hervorhebung durch *Verfasser*); auf die Opferposition stellen ebenfalls ab *Breuer,* JuS 1986, 359, (363); *Scholler / Broß,* Polizei- und Ordnungsrecht, S. 210 f.; *Seibert,* DVBl 1985, 328; *Schenke,* in: Steiner (Hrsg.), Besonderes Verwaltungsrecht, Kap. II, Rdn. 97; *Papier,* Altlasten, S. 50 ff. und öfter; *Scheier,* ZfW 1984, 333, (339 ff.); *Kloepfer,* UTR 1, S. 44; *ders.,* NuR 1987, 7, (17).

[180] Hier liegt auch der Grund für die Tendenz, beim Zusammentreffen von Verhaltens- und Zustandsstörer i.d.R. von einer vorrangigen Inanspruchnahme des Verhaltensverantwortlichen auszugehen; vgl. die Nachw. bei *Drews / Wacke / Vogel / Martens,* Gefahrenabwehr, S. 304 mit Fußn. 85; *Erler,* Maßnahmen der Gefahrenabwehr und verfassungsrechtliche Eigentumsgarantie, S. 161; zu den Grenzen dieses „Vorrangverhältnisses" etwa *VGH Kassel,* DÖV 1987, 260, (261).

[181] *Jellinek,* RuPrVBl 52 (1931), 121, (122); vgl. oben IV 2.

[182] *v. Müller,* RuPrVBl 55 (1935), 332, (334).

Zusammenhang mit der Altlastendiskussion ist neuerdings namentlich von *Götz* postuliert worden, daß es in dem Fall, daß zum Risiko eines Deponiebetreibers auch die von der Abfallablagerung ausgehenden Gefahren gerechnet werden, die nach damaligem Stand noch nicht als solche erkannt wurden, notwendig sei, untragbare Härten durch Berücksichtigung der Zumutbarkeit des Eingriffs zu vermeiden.[183] Dies wirft die weitergehende Frage auf, ob das Prinzip der Zumutbarkeit ein generell geeignetes Mittel zur Restriktion der Folgen polizeilicher Inanspruchnahme aufgrund unerkennbarer Gefahrverursachung darstellt.

a) Zur „wirtschaftlichen Unzumutbarkeit"

Das Prinzip der Zumutbarkeit wird in der polizeirechtlichen Literatur vielfach aus dem Übermaßverbot abgeleitet.[184] Die Heranziehung des Übermaßverbotes, speziell des Prinzips der Zumutbarkeit wird insbesondere auch im Zusammenhang mit der Begrenzung der Zustandshaftung diskutiert.[185] Darüber hinaus ist aber bei jeder polizeilichen Maßnahme die Behörde in ihrer Ermessensausübung durch das Übermaßverbot gebunden.[186]

Fraglich ist indessen, auf welche Kriterien bei der Bestimmung der Zumutbarkeit oder Unzumutbarkeit eines polizeilichen Eingriffs zurückzugreifen ist. Das *OVG Koblenz* hat in einer grundlegenden Entscheidung aus dem Jahr 1953[187] in einem Trümmergrundstücksfall zwar an der grundsätzlich bestehenden Zustandsverantwortlichkeit festgehalten.[188] Zur Frage der Zumutbarkeit der Inanspruchnahme führte es indes aus, daß die Zustandshaftung nach auch im Polizeirecht geltenden Grundsätzen ihre Grenze dort finde, wo von dem Herangezogenen etwas tatsächlich oder rechtlich Unmögliches verlangt werde. Zur Unmöglichkeit gehöre auch die wirtschaftliche Unmöglichkeit auf seiten des Pflichtigen. Eine wirtschaftliche Unmöglichkeit sei aber etwa dann gegeben, wenn die von der Verwaltungsbehörde geforderte Leistung bei Berücksichtigung der wirtschaftlichen Leistungsfähigkeit des Pflichtigen für

[183] *Götz,* NVwZ 1987, 858, (862); ähnlich *Kloepfer,* UTR 1, S. 25, der eine Unzumutbarkeit aber nur in Ausnahmefällen annehmen will.

[184] *Drews / Wacke / Vogel / Martens,* Gefahrenabwehr, S. 321; *Rasch,* Allgemeines Polizei- und Ordnungsrecht, § 2 MEPolG, Rdn. 12; *Selmer,* Gedächtnisschrift W. Martens, S. 492; *Götz,* Allgemeines Polizei- und Ordnungsrecht, Rdn. 239; a. A. *Lücke,* Die (Un-)Zumutbarkeit als allgemeine Grenze öffentlich-rechtlicher Pflichten des Bürgers, S. 53 ff.; *ders,* DÖV 1974, 769.

[185] Vgl. *Drews / Wacke / Vogel / Martens,* Gefahrenabwehr, S. 321; *Rasch,* Allgemeines Polizei- und Ordnungsrecht, § 5 MEPolG, Rdn. 13; *Lücke,* Die (Un-)Zumutbarkeit als allgemeine Grenze öffentlich-rechtlicher Pflichten des Bürgers, S. 22.

[186] *Drews / Wacke / Vogel / Martens,* Gefahrenabwehr, S. 389.

[187] Hierzu *Lücke,* Die (Un-)Zumutbarkeit als allgemeine Grenze öffentlich-rechtlicher Pflichten des Bürgers, S. 22 m. umfangreichen Nachw. zur Reaktion in Rechtsprechung und Schrifttum.

[188] *OVG Koblenz,* DÖV 1954, 216 f.

diesen unzumutbar sei.[189] Ob die Beseitigung des polizeiwidrigen Zustandes für den Pflichtigen wirtschaftlich unmöglich oder gegebenenfalls unzumutbar sei, sei von der Polizeibehörde im Einzelfall streng zu prüfen. Es komme allein darauf an, daß die dem Pflichtigen entstehenden Kosten in einem angemessenen Verhältnis zu seiner gesamten wirtschaftlichen Leistungsfähigkeit, d.h. zu seinen Einkommens- und Vermögensverhältnissen stünden. Durch die Inanspruchnahme dürfe keinesfalls die Existenz des Pflichtigen vernichtet oder wesentlich gefährdet werden. Auch die Aufgabe oder die Belastung von Vermögensbestandteilen könne im Einzelfall als unzumutbar erscheinen.[190]

Ob die wirtschaftlichen bzw. finanziellen Verhältnisse des Pflichtigen bei der Feststellung der Zumutbarkeit oder Unzumutbarkeit einer polizeilichen Inanspruchnahme eine Rolle spielen dürfen, ist in der Literatur umstritten.[191] Die Begründung der Gegner einer Berücksichtigung der wirtschaftlichen bzw. finanziellen Verhältnisse des Pflichtigen geht dahin, daß es andernfalls für die polizeiliche Verantwortlichkeit auf die gegenwärtigen (vielleicht nur vorübergehend schlechten) Verhältnisse des Pflichtigen ankomme. Dies sei ein polizeirechtlich unhaltbares Ergebnis.[192] Das Problem der „wirtschaftlichen Unmöglichkeit“ berühre nicht die Frage der Störerhaftung, sondern die der Fähigkeit des Störers zur Beseitigung der Gefahr. Denn sonst entfiele auch die Möglichkeit, im Wege der Ersatzvornahme oder des unmittelbaren Zwanges, also durch Selbstvornahme den Schaden zu beseitigen und die finanziellen Lasten zu liquidieren, wenn der Störer wieder zu Geld gekommen sei.[193] Teils wird auch von dem Betroffenen verlangt, er möge einen Kredit aufnehmen.[194]

---

189 *OVG Koblenz,* DÖV 1954, 216, (217).

190 *OVG Koblenz,* DÖV 1954, 216, (217). Vgl. zur Berücksichtigung wirtschaftlicher Belange bei der Zumutbarkeitsprüfung etwa auch *VGH Mannheim,* VBlBW 1982, 371, (373) und NVwZ 1986, 325, (326); *VGH München,* NVwZ 1986, 942, (945).

191 Bejahend *Reiff / Wöhrle / Wolf,* PolG BW, § 5, Rdn. 17; *Lücke,* Die (Un-)Zumutbarkeit als allgemeine Grenze öffentlich-rechtlicher Pflichten des Bürgers, S. 17 ff., 22 f. Verneinend *Götz,* Allgemeines Polizei- und Ordnungsrecht, Rdn. 253; *Rasch,* Allgemeines Polizei- und Ordnungsrecht, § 5 MEPolG, Rdn. 13; *Selmer,* Gedächtnisschrift W. Martens, S. 493; *Erler,* Maßnahmen der Gefahrenabwehr und verfassungsrechtliche Eigentumsgarantie, S. 162; *Scheier,* ZfW 1984, 333, (340). Einschränkend („nicht allein“) *Schenke,* in: Steiner, (Hrsg.), Besonderes Verwaltungsrecht, Kap. II, Rdn. 97. Widersprüchlich *Drews / Wacke / Vogel / Martens,* Gefahrenabwehr, S. 321 einerseits und S. 418 andererseits. Nunmehr offenbar ebenfalls einschränkend *Götz,* NVwZ 1987, 858, (862).

192 *Rasch,* Allgemeines Polizei- und Ordnungsrecht, § 5 MEPolG, Rdn. 13.

193 *Erler,* Maßnahmen der Gefahrenabwehr und verfassungsrechtliche Eigentumsgarantie, S. 162.

194 *Drews / Wacke / Vogel / Martens,* Gefahrenabwehr, S. 418.

b) Zumutbarkeit als Restriktionskriterium für die Verhaltenshaftung

Die vorstehenden Ausführungen haben gezeigt, daß es bereits vom Grundsatz her fraglich sein könnte, ob wegen der hohen Kosten, die u. U. mit einer polizeilichen Inanspruchnahme – zumal im Bereich der Altlastensanierung – verbunden sein können, eine Restriktion auf der Zumutbarkeitsebene überhaupt in Betracht kommt. Aber auch, wenn diese Frage zu bejahen ist, sprechen erhebliche Bedenken gegen das Prinzip der Zumutbarkeit als *allgemeines* Kriterium der Restriktion der Verhaltensverantwortlichkeit bei Unerkennbarkeit der Gefahrenverursachung. Bereits das *OVG Koblenz* hatte in der zitierten Entscheidung[195] deutlich gemacht, daß die Prüfung der eventuellen Unzumutbarkeit der polizeilichen Inanspruchnahme als strenge Prüfung des Einzelfalles zu erfolgen habe.[196] Auch *Selmer* hat zu Recht darauf aufmerksam gemacht, daß die Zumutbarkeit eine spezifisch adressatenbezogene (äußerste) Schranke für belastende staatliche Maßnahmen ist, in der alle Umstände zusammen fließen, die für die Erträglichkeit der Belastung gerade auf seiten des in concreto Betroffenen von Bedeutung sind.[197] Der Zumutbarkeit ermangelt es mithin angesichts ihrer Ausrichtung auf im Einzelfall einschlägige subjektive Billigkeitsgesichtspunkte an der Eignung, in der Sache liegende Mängel der Inanspruchnahme generalisierend und typisierend in den Griff zu bekommen.[198]

VI. Restriktionsversuche auf der „Primärebene“

1. Die Auffassung *Holtzmanns*

a) Darstellung

Bereits 1965 hat *Holtzmann* den Versuch unternommen, eine Restriktion der Verhaltenshaftung auf der Primärebene herbeizuführen, um einer von ihm als unangemessen empfundenen Höhe der Kosten für die Gefahren- oder Störungsbeseitigung zu begegnen.[199] Anlaß seiner Überlegungen war ein Urteil des *OVG Münster,* das in dem Fall eines verunglückten Tanklastwagens den Eigentümer des Wagens aus dem Gesichtspunkt der Verhaltensverantwortlichkeit[200] heraus zum Ersatz der Kosten verurteilt hatte, die der Ordnungsbe-

[195] *OVG Koblenz,* DÖV 1954, 216, (217).

[196] Ebenso verfahren *VGH Mannheim,* VBlBW 1981, 321, (322) und NVwZ 1986, 325, (326); *VGH München,* NVwZ 1986, 942, (945).

[197] *Selmer,* Gedächtnisschrift W. Martens, S. 492 f.

[198] *Selmer,* Gedächtnisschrift W. Martens, S. 493.

[199] *Holtzmann,* DVBl 1965, 902.

hörde durch die Abräumung des durch Öl verseuchten Erdreichs entstanden waren.[201]

aa) Ausgangspunkt

Ausgangspunkt der Überlegungen *Holtzmanns* ist der Umstand, daß die Eigenschaft als polizeilicher Verhaltensstörer lediglich dadurch begründet wird, daß aus dem Handeln einer Person objektiv eine polizeiliche Gefahr entsteht. Ob ein Verschulden, eine zivilrechtliche oder strafrechtliche Haftung vorliegt, sei unerheblich. Auf Vorsatz oder Fahrlässigkeit, Störungsabsicht oder Bewußtsein der Rechtswidrigkeit komme es nicht an. Auch der Irrtum des Störers über sein Verhalten sei bedeutungslos.[202] Selbst nachweisliche Schuldlosigkeit, nicht einmal mangelnde Vorhersehbarkeit könnten die polizeiliche Inanspruchnahme hindern.[203] Die Berücksichtigung subjektiver Elemente, insbesondere des Verschuldens, ist nach Auffassung *Holtzmanns* weder von der Systematik, noch vom Wortlaut der Polizeigesetze zu vertreten.[204]

Diese Unabhängigkeit der polizeirechtlichen Zurechnung von subjektiven Elementen könne aber auf der anderen Seite zu unabsehbaren Folgen führen. Das Polizeirecht befasse sich bei der Verhaltenshaftung ausschließlich mit dem Verhalten einer Person und dürfe nicht zu einer Haftung für Schadensersatz oder andere Dinge ausufern. Hier müßten Grenzen gefunden werden, die verhüten, daß das materielle Polizeirecht zu einer vor dem Rechtsgewissen nicht mehr tragbaren Belastung der Betroffenen führt.[205]

bb) Lösungsweg

Die Lösung des Problems sieht *Holtzmann* in einer scharfen Unterscheidung zwischen dem Verhalten einer Person einerseits und dem von ihr verursachten polizeiwidrigen Zustand andererseits. Die Handlungshaftung beschränke sich – wie schon der Ausdruck sage – auf die Handlungen des Polizeipflichtigen, sein Verhalten. Daher ist nach Auffassung *Holtzmanns* die Verhaltensverantwortlichkeit unter Ausklammerung der Haftung für den verursachten Erfolg ausschließlich auf das Störerverhalten selbst zu beschränken.

---

[200] Genauer: Haftung für den Verrichtungsgehilfen (Fahrer); vgl. etwa § 4 Abs. 3 MEPolG.

[201] *OVG Münster,* DVBl 1964, 683, (684).

[202] *Holtzmann,* DVBl 1965, 902.

[203] *Holtzmann,* DVBl 1965, 902, (903).

[204] *Holtzmann,* DVBl 1965, 902, der deshalb der „Valkyrie"-Entscheidung des *PrOVG,* (*PrOVGE* 44, 418, (426)) nur im Ergebnis, nicht aber in der Begründung zustimmt.

[205] *Holtzmann,* DVBl 1965, 902.

Es könne nicht aus der Handlungshaftung dadurch eine Zustandshaftung werden, daß ein durch ein polizeiwidriges Verhalten hervorgerufener polizeiwidriger Zustand dem Verursacher angelastet und dieser aus dem Gesichtspunkt der Polizeiwidrigkeit hierfür polizeilich verantwortlich gemacht werde.[206] Demnach dürfte einer Person, die Steine auf das Dach eines Hauses wirft, die herabzurollen drohen und damit eine Gefahr darstellen, wohl das Werfen weiterer Steine untersagt werden, es könnte ihr aber nicht als Verursacher aufgegeben werden, die bereits auf dem Dach befindlichen Steine zu entfernen. Dafür wäre nach Auffassung *Holtzmanns* einzig der Eigentümer des Hauses unter dem Gesichtspunkt der Zustandshaftung verantwortlich.[207]

b) Kritik

aa) Gesetzeswortlaut

Holtzmann stützt seine Auffassung wesentlich auf den Wortlaut und die Überschriften verschiedener (landes-)polizeirechtlicher Vorschriften über die Verhaltensverantwortlichkeit, deren Wortlaut in der Tat seine Deutung zu stützen scheinen oder ihr jedenfalls nicht widersprechen. Die Gesetzesüberschrift „Verantwortlichkeit für das Verhalten von Personen" und der Gesetzeswortlaut etwa des § 6 Abs. 1 PolG BW: „Wird die öffentliche Sicherheit oder Ordnung durch das Verhalten von Personen bedroht oder gestört, so hat die Polizei ihre Maßnahmen gegenüber demjenigen zu treffen, der die Bedrohung oder Störung verursacht hat"[208], lassen die Auslegung zu, daß damit lediglich das selbst gefährliche Verhalten erfaßt werden soll, nicht aber der durch das Verhalten hervorgerufene gefährliche Zustand.

Gegen eine derartige Beschränkung der Verhaltenshaftung spricht aber nicht nur die Tatsache, daß seit jeher in Rechtsprechung und Schrifttum die gegenteilige Auffassung vertreten wurde[209] und keine Anzeichen dafür in Sicht sind, daß die späteren Polizeigesetzgeber – insbesondere die des Preußischen Polizeiverwaltungsgesetzes wie auch der Polizei- und Ordnungsgesetze der Bundesländer – die von ihnen formulierte Verhaltensstörerhaftung in einem anderen Sinne verstanden haben wollten.[210] Auch der Wortlaut anderer Polizeigesetze, etwa des § 4 Abs. 1 rhl-pf. PVG und – insbesondere – des § 4 Abs. 1 MEPolG spricht gegen eine solche Interpretation. Deren Wortlaut:

---

206 *Holtzmann,* DVBl 1965, 902.

207 *Holtzmann,* DVBl 1965, 902. Das Beispiel wird aufgegriffen von *Selmer,* Gedächtnisschrift W. Martens, S. 488.

208 Weitere Beispiele bei *Holtzmann,* DVBl 1965, 902.

209 Vgl. etwa die Beispiele bei *Franzen,* Lehrkommentar zum Polizeiverwaltungsgesetz, Bd. 1, S. 243 ff.

210 *Selmer,* Gedächtnisschrift W. Martens, S. 489.

„Verursacht eine Person eine Gefahr, so sind die Maßnahmen gegen sie zu richten“ weist deutlich darauf hin, daß sich die Verhaltenshaftung auch auf durch ein Verhalten verursachte Zustände richten soll. Auch wird man aus den unterschiedlichen Formulierungen schlechterdings nicht den Schluß ableiten können, in Rheinland-Pfalz und in Baden-Württemberg gälten unterschiedliche Verursacherbegriffe. Denn die Auslegung, die *Holtzmann* den von ihm zitierten Vorschriften über die polizeiliche Verhaltenshaftung gibt, ist durchaus nicht zwingend. Daß die Gefährdung oder Störung nach Eintritt des polizeiwidrigen Zustandes (auch) von diesem ausgeht, ändert an der rechtsfolgebegründenden Verwirklichung der Verursachungsvoraussetzungen durch den Verhaltensstörer nichts – und zwar auch dann nicht, wenn er sein Verhalten inzwischen eingestellt hat.[211]

bb) Auswirkungen auf die Zustandshaftung

Darüber hinaus sprechen aber auch unerwünschte Konsequenzen für die Zustandshaftung gegen die Auffassung *Holtzmanns*. Es wäre verkürzt anzunehmen, insoweit bestehe für den Zustandsverantwortlichen kein Unterschied, da er ohnedies in Anspruch genommen werden könne, ihm nach wohl (noch) herrschender Meinung ein Ausgleichsanspruch gegen den Verhaltensstörer nicht zusteht[212], und nach verbreiteter Auffassung in Ausnahmefällen eine Reduktion der Zustandshaftung auf eine bloße Duldungspflicht eintreten soll.[213] Bedenken bestehen nicht nur im Hinblick auf die Tatsache, daß hier der Verursacher aus der Haftung entlassen werden soll, obwohl er der Gefahr oder Störung regelmäßig näher steht, als der Zustandsverantwortliche. Die Auffassung *Holtzmanns* zugrundegelegt wäre der Verursacher polizeirechtlich auch dann nicht zu belangen, wenn er den gefährlichen Zustand vorsätzlich und mit Schädigungsabsicht zu Lasten des (nunmehrigen) Zustandsstörers herbeigeführt hätte. Dies aber ist – auch wenn dem als Zustandsstörer in Anspruch Genommenen zivilrechtlicher Regreß zustehen mag – ein mit Gerechtigkeitserwägungen unvereinbares Ergebnis.[214]

---

[211] So mit Recht *Selmer,* Gedächtnisschrift W. Martens, S. 490. *Klaudat,* Polizeipflicht und Kausalität, S. 28 f., stellt auf einen „Polizeiwidrigkeitszusammenhang“ zwischen verursachendem Handeln und verursachtem Erfolg ab.

[212] *BGH,* DÖV 1981, 843, (844); *Götz,* Allgemeines Polizei- und Ordnungsrecht, Rdn. 238; *Papier,* Altlasten, S. 42 f. und öfter; a. A. *Seibert,* DVBl 1985, 328; *Schenke,* in: Steiner, (Hrsg.), Besonderes Verwaltungsrecht, Kap. II, Rdn. 101; *Kloepfer,* Altlasten als Rechtsproblem, S. 135 ff.; *ders.,* UTR 1, S. 48 f.; *ders.,* NuR 1987, 7, (18); *Schwachheim,* NVwZ 1988, 225 ff.; wohl auch *Drews / Wacke / Vogel / Martens,* Gefahrenabwehr, S. 302.

[213] Für eine Reduktion der Zustandshaftung im Falle wirtschaftlicher Unzumutbarkeit übrigens auch *Holtzmann,* DVBl 1964, 420, (422).

[214] Gegen eine Beschränkung der Verhaltenshaftung zu Lasten der Zustandshaftung auch *Schink,* DVBl 1986, 161, (169).

2. Die Auffassung *Selmers*

a) Darstellung

Insbesondere mit Blick auf die Kosten der Altlastensanierung hat es in neuerer Zeit *Selmer* in einem umfangreichen Beitrag unternommen, eine generalisierende Restriktion der Verhaltensverantwortlichkeit im Falle der Unerkennbarkeit der Gefahrverursachung zu begründen.[215]

aa) Ausgangspunkt

Auch die Überlegungen *Selmers* finden ihren Anlaß und Ausgangspunkt in dem Umstand, daß sich die Polizeipflicht zunehmend als Kostentragungsfrage stellt und in dieser Form heute nicht selten in Dimensionen hineinwächst, die sich der vom Gesetzgeber ursprünglich vorgestellten Normsituation offenbar entziehen. In diesem Zusammenhang werfe die Frage der Verhaltensverantwortlichkeit besondere Probleme auf.[216] Das Einstehenmüssen für durch ein polizeirechtlich relevantes Verhalten verursachte gefährliche oder störende Zustände nehme heute nicht selten – so etwa im Bereich der Umweltgefahren bei der Sanierung kontaminierter früherer Industriestandorte oder Sondermülldeponien – der Sache nach die Form einer Pflicht zum Schadensfolgenausgleich zumeist in erheblicher Größenordnung an. Dabei mache es nur einen formalen Unterschied, ob diese kostenmäßige Belastung in concreto daraus resultiert, daß der Pflichtige die Gefahrenabwendung bzw. Störungsbeseitigung selbst vorzunehmen und dementsprechend auch ihre Kosten zu tragen hat, oder daraus, daß die Polizei- oder Ordnungsverwaltung selbst (im Wege der unmittelbaren Ausführung oder der Ersatzvornahme) zur Gefahrenabwehr tätig geworden ist und nunmehr aufgrund der einschlägigen Bestimmungen Kostenersatz von dem Verantwortlichen begehrt.[217] Angesichts dessen sei die von *Diederichsen* geäußerte Befürchtung, es sei ohne weiteres denkbar, mit den Begriffen des „Handlungs-“ und „Zustandsstörers“ und der „Gefahr für die öffentliche Sicherheit oder Ordnung“ das gesamte zivilrechtliche Haftungsrecht überflüssig zu machen[218], nicht ganz unberechtigt, zumal an die Begründung einer Pflicht zur Gefahrenabwehr – wie der Verzicht auf das Verschuldenserfordernis zeige – weniger strenge Anforderungen zu stellen seien als an die Begründung einer Pflicht zum Schadensersatz.[219]

---

[215] *Selmer,* Gedächtnisschrift W. Martens, S. 483.
[216] *Selmer,* Gedächtnisschrift W. Martens, S. 484.
[217] *Selmer,* Gedächtnisschrift W. Martens, S. 486 f.
[218] *Diederichsen,* UTR 1, S. 138.
[219] *Selmer,* Gedächtnisschrift W. Martens, S. 493.

bb) Lösungsweg

Angesichts der von ihm konstatierten tatsächlich-wirtschaftlichen Überschneidung polizeirechtlicher Verhaltensstörerhaftung und zivilrechtlicher Schadenshaftung erwägt *Selmer,* durch eine gewisse tatbestandliche Annäherung der ersteren an die letztere dem Problem die Brisanz und zugleich einer unangemessenen Kostenbelastung des Verursachers die Spitze zu nehmen.[220]

Eine solche Annäherung habe allerdings der Einsicht Rechnung zu tragen, daß die Polizei- und Ordnungsgesetze vom Verschulden des Pflichtigen bewußt abstrahieren; sie habe darüber hinaus aber auch an einer gewissen Steuerungsfunktion der gesetzlichen Polizeipflichtigkeit festzuhalten. Diesen Kautelen dürfte nach Auffassung *Selmers* das Merkmal einer objektiv verstandenen, d.h. subjektiv-individualisierender Bezüge entkleideten Vorhersehbarkeit speziell der polizeiwidrigen Schadensfolgen als solcher am besten entsprechen. Dabei gehe es allerdings nicht darum, das lange Zeit dominierende, heute indes weitgehend verdrängte Vorhersehbarkeitsmerkmal als Verantwortlichkeitsvoraussetzung umfassend wiederzubeleben. In Rede stehe allein eine punktuelle ergänzende Einführung dieser Voraussetzung – mit der Funktion, die Finanzierung der Gefahrenabwehr durch den Verursacher schon im dogmatischen Ansatz in den Grenzen rechtsstaatlicher Angemessenheit zu halten und einer durch das Polizeirecht vermittelten Aushöhlung der besonderen Voraussetzungen des privaten Haftungsrechts angemessen vorzubeugen.[221] Die objektive Vorhersehbarkeit der verursachten polizeiwidrigen Schadensfolgen als solcher sei eine durchgehend zwingende zusätzliche Anforderung an die entsprechende Kostenbelastung des Verursachers.[222] Damit solle aber nur einer ganz spezifischen Überanstrengung der polizeilichen Verhaltensverantwortlichkeit entgegengewirkt werden. Unterhalb und außerhalb des Bereichs schadensersatzgleicher Störungsbeseitigung und Kostentragung bleibe die Verantwortlichkeit des Bürgers für die notwendigen Gefahrenabwehr- und Störungsbeseitigungsmaßnahmen unberührt.[223]

Die Auffassung *Selmers* begegnet indes, sowohl was ihren Ausgangspunkt als auch was den vorgeschlagenen Lösungsweg angeht, Bedenken.

b) Bedenken gegen Selmers *Ausgangspunkt*

Fraglich ist bereits, ob die – unbestrittene und auch hier zum Ausgangspunkt der Frage nach Restriktionsmöglichkeiten gemachte – Dimension der Kostentragungspflicht, die infolge einer polizeilichen Inanspruchnahme

---

220 *Selmer,* Gedächtnisschrift W. Martens, S. 493.
221 *Selmer,* Gedächtnisschrift W. Martens, S. 494.
222 *Selmer,* Gedächtnisschrift W. Martens, S. 496.
223 *Selmer,* Gedächtnisschrift W. Martens, S. 497 f.

namentlich in den Altlastenfällen entstehen kann, den Vergleich zur zivilrechtlichen Schadensersatzpflicht rechtfertigt. Es mag zutreffen, daß zwischen beidem eine tatsächlich-wirtschaftliche Überschneidung stattfindet.[224] Dennoch sind der Umfang der Kostentragungspflicht aufgrund polizeirechtlicher Inanspruchnahme und aufgrund zivilrechtlicher Schadensersatzverpflichtung – worauf *Selmer* selbst hinweist[225] – wohl zu unterscheiden. Während sich die zivilrechtliche Schadensersatzpflicht auf eine umfassende Naturalrestitution, d.h. auf die Wiederherstellung des ursprünglichen Zustandes erstreckt[226], umfaßt die polizeirechtliche Verhaltenshaftung Folgen der Verursachung nur, soweit sie eine Gefahr für die öffentliche Sicherheit oder Ordnung darstellen.[227] Aus diesem Grund wird etwa für den Bereich der Altlastensanierung die Auffassung vertreten, daß auf der Grundlage des Polizei- und Ordnungsrechts häufig keine Maßnahmen der Gesamtsanierung verlangt werden dürften, weil sie über das hinausgingen, was zur Beseitigung der konkreten Gefahrenlage unerläßlich sei. Ebensowenig kämen Rekultivierungsmaßnahmen in Betracht, weil sie die Grenzen des zur Gefahrenabwehr Erforderlichen überschritten.[228] Ob die Tatsache, daß die polizeirechtliche Störungsbeseitigung ein gut Teil dessen umfaßt, was (auch) nach privatem Haftungsrecht als Schadensersatz geleistet werden müßte[229], den Schluß zuläßt, hier handele es sich um „schadensersatzgleiche“ Störungsbeseitigung[230], kann demnach bezweifelt werden.

c) Grundsätzliche Bedenken gegen Selmers *Lösungsansatz*

Aber auch dann, wenn man sich den Ausgangspunkt *Selmers* zu eigen machte, bestünden doch gravierende Bedenken gegen den von ihm vorgeschlagenen Lösungsweg.

Diese knüpfen daran an, daß *Selmer* das Vorhersehbarkeitserfordernis nur punktuell zusätzlich zu den übrigen Voraussetzungen der polizeirechtlichen Verhaltenshaftung fordert, wenn die Schwelle zur schadensersatzgleichen Störungsbeseitigungspflicht überschritten ist, und damit den Inhalt des polizeirechtlichen Verursachungs*tatbestandes* von der Qualität der zu erwartenden *Rechtsfolge* abhängig machen will. Bedenklich erscheint diese Aufspaltung nach Kostenhöhe insbesondere auch, wenn *Selmer* zur Begründung des Vor-

---

224 *Selmer,* Gedächtnisschrift W. Martens, S. 493.

225 *Selmer,* Gedächtnisschrift W. Martens, S. 490.

226 *Larenz,* Schuldrecht I, § 28 I; MK-*Grunsky,* § 249, Rdn. 3 ff.; *Götz,* Allgemeines Polizei- und Ordnungsrecht, Rdn. 188.

227 *Martens,* DVBl 1981, 597, (598); *Selmer,* Gedächtnisschrift W. Martens, S. 490.

228 *Papier,* Altlasten, S. 14 f.; *ders.,* UTR 1, S. 62; *ders.,* DVBl 1985, 873, (874); *ders.,* NVwZ 1986, 256 f.; *ders.,* et 1987, 437 f.; *Peine,* UTR 3, S. 219; *Brandt,* der landkreis 1986, 205, (207).

229 *Selmer,* Gedächtnisschrift W. Martens, S. 490 f.

230 *Selmer,* Gedächtnisschrift W. Martens, S. 498.

hersehbarkeitserfordernisses auf die „gewisse Steuerungsfunktion der gesetzlichen Polizeipflicht“ hinweist[231], diese aber bei Fällen unterhalb oder außerhalb des Bereichs schadensersatzgleicher Störungsbeseitigung nicht heranziehen will.[232] Soll eine derartige erkennbare Steuerungswirkung der „materiellen Polizeipflicht“ bestehen, so müßte sie in allen Fällen der Verhaltensverantwortlichkeit gegeben sein oder aber – überspitzt gesagt – in eine Pflicht des Inhalts umgedeutet werden, keine Gefahren für die öffentliche Sicherheit oder Ordnung zu verursachen, deren Beseitigung teuer werden kann. Da es ein solches Gebot ersichtlich im Polizeirecht nicht gibt, bliebe nur die Einforderung des Vorhersehbarkeitserfordernisses für alle Fälle der Verhaltenshaftung – womit indes die von *Selmer* getroffene Distinktion hinfällig würde – oder aber die Anerkennung des Umstandes übrig, daß die von ihm zitierte „materielle Polizeipflicht“ entweder nicht oder nur in einem objektiv verstandenen Sinne, d.h. unabhängig von der Erkennbarkeit besteht. Dann aber könnte dieses Gebot zur Begründung des Vorhersehbarkeitserfordernisses nicht herangezogen werden. Endlich sähe sich ein derartiger Wechsel der Anforderungen des polizeirechtlichen Verhaltensverursachungstatbestandes nach der Höhe der Kostenbelastung dem Verdacht ausgesetzt, daß hier Erwägungen der wirtschaftlichen (Un-)Zumutbarkeit[233] gleichsam generalisierend auf die Tatbestandsebene vorverlagert werden sollen. Nach alldem kann dem Vorschlag eines solch unmittelbaren Durchschlagens eines Rechtsfolgenmerkmals (der Höhe der Kostentragungspflicht) auf den Inhalt des polizeirechtlichen Verursachungstatbestandes nicht beigestimmt werden.

d) Einzelfragen

Neben diesen grundsätzlichen Einwänden erscheinen aber auch einige Details der Lösung *Selmers* so offen und unbestimmt, daß die Determinationskraft, die er ihr zubilligt[234], durchaus fraglich ist.

aa) Gefahrenerkennbarkeit

Dies gilt zunächst für den Begriff der Vorhersehbarkeit, den *Selmer* objektiv verstanden, d.h. seiner subjektiv-individualisierenden Bezüge entkleidet verstanden wissen will.[235] Damit reiht sich *Selmer* unter die Autoren, die die

---

[231] *Selmer,* Gedächtnisschrift W. Martens, S. 494.

[232] *Selmer,* Gedächtnisschrift W. Martens, S. 498.

[233] *Selmer,* Gedächtnisschrift W. Martens, S. 493 postuliert selbst die Irrelevanz mangelnder finanzieller Leistungsfähigkeit bei der Prüfung der Zumutbarkeit der polizeilichen Inanspruchnahme.

[234] *Selmer,* Gedächtnisschrift W. Martens, S. 496 in Abgrenzung von der Theorie von der Zurechnung nach Pflichtwidrigkeit und Risikosphären.

[235] *Selmer,* Gedächtnisschrift W. Martens, S. 494.

polizeirechtliche Verhaltensverantwortlichkeit ausscheiden lassen wollen, wenn die Gefahrverursachung zum Zeitpunkt der verursachenden Handlung objektiv bzw. nach dem damaligen naturwissenschaftlich-technischen Erkenntnis- (und Entwicklungs-)stand nicht erkennbar war, ohne daß indes hinreichend deutlich wird, wann objektive Unerkennbarkeit der Gefahr vorliegen soll oder wie die Begriffe des naturwissenschaftlich-technischen Erkenntnisstandes und Entwicklungsstandes zu definieren seien.

aaa) „Eckdaten“

Soweit zur Bejahung einer polizeirechtlichen Verhaltensverantwortlichkeit Gefahrenerkennbarkeit gefordert wird, ist also näher zu fragen, was sich hinter diesem Begriff verbirgt. Bei der Beantwortung dieser Frage scheinen zwei „Eckdaten“ nach den Ausführungen der „Befürworter“ festzustehen:

1. Gefordert wird Erkennbarkeit der Gefahrensituation ex ante, d. h. zum Zeitpunkt des gefahrverursachenden Verhaltens.
2. Nicht gefordert wird hingegen die Erkennbarkeit der Gefahrensituation für den Verursacher selbst, d. h. „subjektive Gefahrenerkennbarkeit“.

Mit unterschiedlichen Argumenten wird die Erkennbarkeit der Gefahrenlage zum Zeitpunkt des gefahrverursachenden Verhaltens gefordert. Während *Papier* eher auf den Aspekt abhebt, daß ein unerkennbar eine Gefahr verursachendes Verhalten zum Zeitpunkt seiner Vornahme nicht als „gefährlich“ oder „gefahrverursachend“ im polizeirechtlichen Sinne gelten könne und Wandlungen des Erkenntnisstandes einer Änderung der objektiven Sachlage gleichkämen, so daß m.a.W. davon ausgegangen werden müsse, daß die Gefahrenlage auch objektiv erst später entstanden sei[236], heben *Koch* und *Herrmann* eher den Aspekt einer „immerhin denkbaren prohibitiven Wirkung“ der Gefahrenerkennbarkeit hervor.[237] Die grundgesetzlich garantierte Freiheit des Handelns dürfe nicht mit solchen staatlichen Sanktionen bedroht werden können, die nicht bei der Wahrnehmung dieser Freiheit mit einkalkulierbar seien.[238] Der Verzicht auf das Merkmal der Gefahrenerkennbarkeit kommt nach dieser Auffassung einer Rückkehr der im Polizeirecht einhellig abgelehnten Theorie der Äquivalenz aller Ursachen einer Gefahr gleich.[239]

---

[236] *Papier,* Altlasten, S. 37 f.; *ders.,* UTR 1, S. 70 f.; *ders.,* DVBl 1985, 873, (877), *ders.,* NVwZ 1986, 256, (259); *ders.,* et 1987, 437, (438).

[237] *Herrmann,* Flächensanierung, S. 124; *ders.,* DÖV 1987, 666, (674); ähnlich *Koch,* Gutachten in: Bodensanierung, S. 53 ff.

[238] *Herrmann,* Flächensanierung, S. 124; *ders.,* DÖV 1987, 666, (674) unter Berufung auf *Kloepfer,* UTR 1, S. 30.

[239] *Koch,* Gutachten in: Bodensanierung, S. 53.

Sowohl *Papier* als auch *Koch, Herrmann* und *Selmer* weisen indes darauf hin, daß es nicht um veränderte subjektive Beurteilungen, Annahmen und Einsichten des Rechtsanwenders gehe, sondern um Veränderungen, die einer *Änderung der objektiven Sachlage gleichkämen.* Richtig sei, daß eine Verhaltensverantwortlichkeit immer dann einsetze, wenn ein Verhalten eine Gefahrenlage objektiv verursacht (hat), gleichgültig ob der Urheber oder Rechtsanwender dies (sogleich) erkannt habe. Hiervon sei jedoch die Fallgestaltung der objektiven Gefahrenunerkennbarkeit zu unterscheiden.[240] Auch nach *Herrmann* kann es nicht auf individuelle, subjektive Erkennbarkeit ankommen. Gefordert ist nach seiner Auffassung vielmehr ein objektiver (generalisierender) Maßstab.[241] Damit bleibt als wesentliches – negatives – Abgrenzungsmerkmal bei der Frage nach der Definition des Begriffes „Gefahrenerkennbarkeit", daß dieses Merkmal auch nach der Auffassung der Befürworter eines Einflusses bei der Bestimmung des polizeirechtlich Verhaltensverantwortlichen nicht bedeutet, daß dem Verursacher im Einzelfall die Gefährlichkeit seines Verhaltens erkennbar sein mußte.

bbb) Vergleichsmaßstab

Ist somit einerseits festgestellt, daß mit „Gefahrenerkennbarkeit" die Erkennbarkeit zum Zeitpunkt des Verhaltens, also ex ante gemeint ist und es andererseits nicht auf die „subjektive" Erkennbarkeit für den Verursacher ankommt, so stellt sich weiter die Frage, wer oder was maßgeblicher Bezugspunkt zur Feststellung oder Verneinung des Vorliegens der Erkennbarkeit einer Gefahrensituation sein soll. Auf eine Kenntnisnahmemöglichkeit der Polizeibehörden kann es – dies vorab festgestellt – nicht ankommen. Denn dies würde bedeuten, daß nur der als Verhaltensverantwortlicher in Anspruch genommen werden könnte, der eine Gefahr verursacht, die dem „fähigen, besonnenen und sachkundigen Amtswalter"[242] sogleich als solche erkennbar ist. Dies würde angesichts der Komplexität der Lebensverhältnisse eine zu starke Einschränkung der Verhaltenshaftung bedeuten und wird auch von denen, die eine Inanspruchnahme bei unerkennbarer Gefahrverursachung verneinen, nicht gefordert.[243] Ist maßgeblicher Bezugspunkt für die Feststellung der „objektiven" Gefahrenerkennbarkeit ex ante aber weder der Verursacher selbst noch die Polizeibehörde, so bietet sich an, auf die Erkennbarkeit für einen „Dritten" abzustellen.

---

240 *Papier,* Altlasten, S. 37 f.

241 *Herrmann,* Flächensanierung, S. 124; *ders.,* DÖV 1987, 666, (674).

242 *Drews / Wacke / Vogel / Martens,* Gefahrenabwehr, S. 223; *O. Schneider,* DVBl 1980, 406, (408); *H.-J. Gerhardt,* Jura 1987, 521, (523).

243 *Papier,* Altlasten, S. 37 f.

(1) Der „maßgebliche Verkehrskreis“

Zu denken wäre zunächst an ein Abstellen auf den „maßgeblichen Verkehrskreis“. Maßgebend wären demnach für die Erkennbarkeit der Gefahrverursachung die typischen Kenntnisse und Fähigkeiten eines Angehörigen eines bestimmten Berufskreises oder einer anderen geeigneten Vergleichsgruppe[244], wobei es noch näherer Klärung bedürfte, ob als Vergleichsmaßstab ein durchschnittlicher, normaler, ordentlicher, vernünftiger oder gewissenhafter und besonnener Angehöriger des jeweiligen Verkehrskreises heranzuziehen wäre.[245] Damit würde der im Zivilrecht verwendete sog. objektive oder typisierende Fahrlässigkeitsmaßstab jedenfalls insoweit in den polizeirechtlichen Verursachungsbegriff inkorporiert, als es um die Erkennbarkeit der Gefährlichkeit eines Verhaltens geht.[246]

(2) Der „optimale Dritte“

Denkbar wäre aber auch, bei der Beurteilung der Erkennbarkeit der Gefahrverursachung auf einen „optimalen Dritten“ abzustellen, wie dies *Traeger* für die Feststelung der adäquaten Kausalität eines Erfolges vorgeschlagen hat.[247] Um das erforderliche Möglichkeitsurteil zu bilden, ist demnach das gesamte Erfahrungswissen zugrunde zu legen und sind alle Bedingungen vorauszusetzen, die zur Zeit der Begehung der Handlung dem einsichtigsten Menschen erkennbar waren. Dieser Auffassung hat sich der *BGH* in einer Grundsatzentscheidung aus dem Jahr 1951 ausdrücklich angeschlossen und festgestellt, daß die Prüfung der adäquaten Kausalität unter Heranziehung des gesamten zur Zeit der Beurteilung zur Verfügung stehenden menschlichen Erfahrungswissens zu erfolgen hat.[248]

ccc) Gefahrenwahrscheinlichkeit

Neben die Frage, welcher Maßstab zur Beurteilung der objektiven Gefahrenerkennbarkeit heranzuziehen ist, tritt noch die weitere Frage, wie sicher die Prognose des Schadenseintrittes sein muß, m.a.W. ab welchem Grad von „Schadenswahrscheinlichkeit“ ein Verhalten als „objektiv gefährlich“[249] zu

[244] *Larenz,* Schuldrecht I, § 20 III, (S. 285); *Kötz,* Deliktsrecht, S. 63 ff.

[245] MK-*Hanau,* § 276, Rdn. 79 m. zahlr. Nachw. zur insoweit differierenden Terminologie in der Zivilrechtsprechung; *Deutsch,* Fahrlässikeit und erforderliche Sorgfalt, S. 40 ff.

[246] Zur Objektivierung des Vorhersehbarkeitserfordernisses im zivilen Haftungsrecht *Brüggemeier,* Deliktsrecht, Rdn. 109.

[247] *Traeger,* Der Kausalbegriff, S. 159.

[248] *BGHZ* 3, 251, (266 f.).

[249] Vgl. *Papier,* Altlasten, S. 38.

gelten hat. Auf anderer Ebene findet sich hier das Problem der dem polizeilichen Eingriff zugrundeliegenden „hinreichenden Wahrscheinlichkeit“ wieder[250], das eng mit der Diskussion um „Anscheinsgefahr“, „Gefahrverdacht“ und „Putativgefahr“ verbunden ist.[251] Auf einer anderen Ebene deshalb, weil es auf eine Kenntnismöglichkeit für die Polizei, wie festgestellt, nicht ankommt.

bb) Exkurs: Der „naturwissenschaftlich-technische Erkenntnis- und Entwicklungsstand“

Eine ähnliche Interpretationsweite ist bei dem Begriff „naturwissenschaftlich-technischer Erkenntnis- und Entwicklungsstand“ zu konstatieren, den *Papier* in die Diskussion eingebracht hat und der zwei Begriffe in sich vereinigt, nämlich den Erkenntnisstand auf der einen und den Entwicklungsstand auf der anderen Seite.

aaa) Fragestellungen

Bei dem Versuch, den Begriff „naturwissenschaftlich-technischer Erkenntnisstand“ zu definieren, stellen sich vor allem folgende Fragen: Welche Anforderungen sind an den Erkenntnisstand im Einzelfall zu stellen? Welchen Verbreitungs- und Anerkennungsgrad muß der Erkenntnisstand innerhalb oder außerhalb der Fachwelt gefunden haben? Bezieht sich der Begriff nur auf deutsche oder in Deutschland rezipierte Forschungsergebnisse oder auch auf ausländische Forschungsergebnisse? Kann zur Auslegung dieses Begriffes z.B. der Begriff „Stand von Wissenschaft und Technik“ i.S.v. § 7 Abs. 2 Nr. 3 AtomG oder Art. 7 e der EG-Produkthaftungsrichtlinie[252] herangezogen werden?

---

[250] Vgl. bereits *PrOVG,* PrVBl 16 (1894/95), 125, (126 f.); ausführlich *Kickartz,* Ermittlungsmaßnahmen zur Gefahrerforschung und einstweilige polizeiliche Anordnungen, S. 52 ff.

[251] Dazu *Breuer,* Gedächtnisschrift W. Martens, S. 317; *H.-J. Gerhardt,* Jura 1987, 521; ferner *Hoffmann-Riem,* FS G. Wacke, S. 327.

[252] Richtlinie des Rates vom 25. 7. 1985 zur Angleichung der Rechts- und Verwaltungsvorschriften der Mitgliedstaaten über die Haftung für fehlerhafte Produkte (85/374/EWG). Art. 7 e der Richtlinie sieht als einen Haftungsausschlußgrund für den Hersteller vor, „daß der vorhandene Fehler nach dem Stand von Wissenschaft und Technik zu dem Zeitpunkt, zu dem er das betreffende Produkt in Verkehr brachte, nicht erkannt werden konnte“. Ob sich aus dieser Vorschrift etwas für die hier interessierende Problematik ableiten läßt, erscheint indes zweifelhaft. Sie dürfte ihr Entstehen hauptsächlich dem Zwang in der EG, Kompromisse einzugehen, verdanken; vgl. *Taschner,* Produkthaftung, Art. 7 e der EG-Richtlinie, Rdn. 49 f.; *Brüggemeier / Reich,* WM 1986, 149, (153). Dafür spricht auch, daß gem Art. 15 Abs. 1 b) der EG-Richtlinie die Regelung des Art. 7 e nicht zwingend in das nationale Recht transponiert werden muß.

Die erste Frage bezieht sich auf den Grad an Sicherheit oder Wahrscheinlichkeit, mit dem die Gefährlichkeit eine Stoffes, einer Produktionsweise, einer Ablagerungsweise oder eines sonstigen Verhaltens nachgewiesen sein mußte, um die Gefahr bereits zum Zeitpunkt des Verhaltens als erkennbar erscheinen zu lassen. Die zweite Frage zielt auf das Problem der Akzeptanz einer naturwissenschaftlichen Erkenntnis in der Fachwelt und auf die Frage, ob ggf. die Erkenntnis über die Fachwelt hinaus einer interessierten Öffentlichkeit zugänglich gemacht geworden sein mußte[253], um eine Gefahr zum Zeitpunkt des Verhaltens als erkennbar erscheinen zu lassen. Die dritte Frage zielt auf mögliche Unterschiede in den in- und ausländischen Wissenschaftsfortschritten. Für den Fall, daß eine Gefahr nach dem Erkenntnisstand der deutschen Wissenschaft (noch) nicht erkennbar war, wohl aber nach dem (in Deutschland unbekannten) Erkenntnisstand ausländischer Wissenschaftler, wäre es immerhin a priori nicht völlig ausgeschlossen, den Erkenntnisstand der ausländischen Wissenschaft zum Maßstab für die Bejahung der Gefahrenerkennbarkeit zu machen.[254]

bbb) Die Interpretation Papiers

Eine recht eindeutige Antwort auf die Frage, wie der Begriff des naturwissenschaftlich-technischen Erkenntnis- und Entwicklungsstandes zu interpretieren ist, kommt von *Papier.* Nach ihm kann zur Ausfüllung dieses Begriffs jedenfalls nicht auf den im Immissionsschutzrecht verwendeten Begriff „Stand der Technik“ zurückgegriffen werden, weil insoweit Zweifel an der Verallgemeinerungsfähigkeit des mit diesem Begriff im Immissionsschutzrecht verbundenen Gehalts bestünden. Wenn im vorliegenden Zusammenhang vom „Stand der Technik“ die Rede sei, so seien damit die damals geltenden anerkannten Regeln der Technik gemeint. Wenn diese Standards gewahrt wurden, sei die Annahme einer heutigen Polizeipflicht problematisch.[255] Maßgebend für die Feststellung des naturwissenschaftlich-technischen Erkenntnis- und Entwicklungsstandes wäre demnach die jeweils herrschende (oder geherrscht habende) Auffassung unter den Fachleuten[256], die sich in der Praxis durchgesetzt hat[257]; mithin ein relativ niedriges Anforderungsniveau[258]: Gefahren bzw.

---

[253] In diesem Zusammenhang instruktiv *Schacht,* Diskussionsbeitrag, UTR 1, S. 106 f.

[254] In diese Richtung etwa *Taschner,* Produkthaftung, Art. 7 e der EG-Produkthaftungsrichtlinie, Rdn. 45.

[255] *Papier,* Diskussionsbeitrag, UTR 1, S. 112, (113 f.); zust. *Lauff,* Diskussionsbeitrag, UTR 1, S. 106.

[256] *Rengeling,* Der Stand der Technik bei der Genehmigung umweltgefährdender Anlagen, S. 19; *BVerfGE* 49, 89, (135).

[257] *Jarass,* BImSchG, § 3, Rdn. 61.

[258] *Rittstieg,* Die Konkretisierung technischer Standards im Anlagenrecht, S. 23; auch *BVerfGE* 49, 89, (135).

Verursachungszusammenhänge, deren Existenz (noch) nicht von der herrschenden Auffassung der Fachleute erkannt bzw. anerkannt waren, waren nach dieser Auffassung „objektiv unerkennbar".

ccc) Andere Interpretationsmöglichkeiten

Denkbar wäre aber auch, den Begriff „naturwissenschaftlich-technischer Erkenntnisstand" anhand des Begriffes „Stand der Technik" (§ 3 Abs. 6 BImSchG) bzw. „Stand von Wissenschaft und Technik", wie er in § 7 Abs. 2 Nr. 3 AtomG Verwendung gefunden hat, zu definieren. Nach dieser Vorschrift darf die atomrechtliche Genehmigung nur erteilt werden, wenn „die nach dem Stand von Wissenschaft und Technik erforderliche Vorsorge gegen Schäden durch die Errichtung und den Betrieb der Anlage getroffen ist". Im Anschluß an die Auffassung des *BVerfG*[259] muß demnach diejenige Vorsorge getroffen werden, die nach den neuesten wissenschaftlichen Erkenntnissen für erforderlich gehalten wird, unabhängig davon, ob sie bereits technisch zu verwirklichen ist oder nicht.[260] Demgemäß wären – auf den hier interessierenden Fall übertragen – die neuesten wissenschaftlichen Erkenntnisse maßgebend für die Beurteilung der Erkennbarkeit bzw. Vorhersehbarkeit einer Gefahr.[261] Aber auch diesen Standard zugrundegelegt, ergeben sich Interpretationsschwierigkeiten. Während – auf die hier interessierende Fallkonstellation übertragen – nach einer Auffassung zur objektiven Beantwortung der Frage, welches nach dem damals neuesten Erkenntnisstand von Naturwissenschaftlern und Technikern als gefährlich bzw. gefahrverursachend einzustufen war, eine enge Anlehnung an die Aussagen der *führenden* Fachleute gesucht werden müßte[262], wird der aktuelle Kenntnisstand nach anderer Auffassung allerdings keineswegs nur von den Verlautbarungen „führender" Wissenschaftler bestimmt, wie die Wissenschaftsgeschichte deutlich genug lehre.[263] Jüngst ist dieser Streit bei der Auslegung von Art. 7 e der EG-Produkthaftungsrichtlinie wieder aufgebrochen.[264] Wollte man sich der erstgenannten Auffassung anschließen, so dürfte dies zu nicht unerheblichen Beweisschwierigkeiten führen, weil es sich als schwierig erweisen könnte, eine naturwissenschaftliche Meinung ex post als „führend" oder „Außenseiterstimme" zu qualifizieren.

---

259 *BVerfGE* 49, 89, (136).

260 *Jarass*, BImSchG, § 3, Rdn. 61; a. A. offenbar *Fischerhof*, Deutsches Atom- und Strahlenschutzrecht, § 7, III. 3. a), Rdn. 17.

261 So *Herrmann*, Flächensanierung, S. 125 mit Fußn. 396.

262 *Breuer*, DVBl 1978, 829, (837).

263 *Bender*, NJW 1979, 1425, (1430).

264 Vgl. *Taschner*, Produkthaftung, Art. 7 e der EG-Richtlinie, Rdn. 45 einerseits und *Brüggemeier / Reich*, WM 1986, 149, (153) andererseits.

ddd) Der „technische Entwicklungsstand"

Wird im allgemeinen lediglich der naturwissenschaftliche oder naturwissenschaftlich-technische Erkenntnisstand angesprochen[265], so geht *Papier* darüber noch einen Schritt hinaus, wenn er postuliert, ein Verhalten, das nach damaligem naturwissenschaftlich-technischen Erkenntnis- *und Entwicklungsstand* nicht als gefährlich angesehen werden konnte, könne aufgrund eines gewandelten Erkenntnis- und Entwicklungsstandes heute nicht zu einer Inanspruchnahme als Verhaltensverantwortlicher führen.[266] Diese weitere Einschränkung ist aus seiner Sicht nur als konsequent zu bezeichnen, da er, wie gesehen, den naturwissenschaftlich-technischen Erkenntnis- und Entwicklungsstand mit den jeweils geltenden allgemein anerkannten Regeln der Technik gleichsetzt.[267] Der Begriff der allgemein anerkannten Regeln der Technik umfaßt nach der sog. objektiven Theorie nicht nur die Anforderung, daß er von der Mehrheit der Experten mitgetragen wird, sondern ebenso, daß die Eignung solcher Regeln zur Gefahrenabwehr in der praktischen Erprobung objektiv nachgewiesen ist.[268] Demgemäß wäre für den hier interessierenden Fall wie folgt zu argumentieren: Hat der Verursacher alle technischen Standards beachtet, die von der Mehrheit der Fachleute anerkannt waren und deren Eignung zur Gefahrenabwehr in der praktischen Erprobung objektiv nachgewiesen worden war, so kann er nicht als polizeirechtlich Verhaltensverantwortlicher zur Beseitigung solcher Gefahren herangezogen werden, die auf Ursachenzusammenhängen beruhen, die von der Mehrheit der Fachleute nicht anerkannt wurden oder zu deren Vermeidung noch kein von der Mehrheit der Fachleute anerkanntes und durch praktische Erprobung als zur Gefahrvermeidung oder Gefahrenabwehr objektiv geeignet nachgewiesenes Verfahren zur Verfügung stand. Damit würde neben der Gefahrenerkennbarkeit auch *Gefahrenbeherrschbarkeit* als Kriterium der polizeirechtlichen Verhaltenszurechnung eingeführt. Ein solches Zurechnungskriterium wäre allerdings mit der bisherigen polizeirechtlichen Dogmatik, insbesondere mit der Verschuldensunabhängigkeit und dem Grundsatz, daß ein bewußtes Handeln mit besonderem Handlungswillen für die polizeirechtliche Zurechnung nicht erforderlich ist, zur Gänze nicht mehr zu vereinbaren.[269] Mit den Erfordernis-

---

265 *Kloepfer*, UTR 1, S. 22; *Arndt*, in: Steiner, (Hrsg.), Besonderes Verwaltungsrecht, Kap. VII, Rdn. 229; *Striewe*, ZfW 1986, 273, (284); *K. Gerhardt*, BWVPr 1986, 270, (273); *Pietzcker*, JuS 1986, 719, (721); *Götz*, NVwZ 1987, 858, (862).

266 *Papier*, Altlasten, S. 38; *ders.*, UTR 1, S. 70, *ders.*, DVBl 1985, 873, (877); *ders.*, NVwZ 1986, 256, (259). *Papier*, et 1987, 437, (438) spricht dagegen vom „Entwicklungs- und Erkenntnisstand".

267 *Papier*, Diskussionsbeitrag, UTR 1, S. 112, (114), der allerdings nur von anerkannten Regeln der Technik spricht. Indes dürfte das Selbe gemeint sein. Zur Terminologie auch *Rittstieg*, Die Konkretisierung technischer Standards im Anlagenrecht, S. 14 f.

268 *Plischka*, Technisches Sicherheitsrecht, S. 51 ff., 54 ff.; *Rittstieg*, Die Konkretisierung technischer Standards im Anlagenrecht, S. 22 ff.

269 Statt aller *Drews / Wacke / Vogel / Martens*, Gefahrenabwehr, S. 307.

sen der Vorhersehbarkeit und Vermeidbarkeit einer Gefahr wäre nichts anderes als die Fahrlässigkeitshaftung in das Polizeirecht eingeführt. In den Ölschadensfällen[270] wäre beispielsweise der Fahrer des verunglückten Tanklastzuges nur dann als Verhaltensverantwortlicher zur Gefahrenbeseitigung heranzuziehen, wenn er den Unfall fahrlässig verursacht hätte. Dies wäre aber ein nicht nur im Hinblick auf die polizeirechtliche Systematik, sondern auch im Hinblick auf die mit einer solchen Einschränkung korrespondierende Ausdehnung des Umfanges einer ggf. daneben bestehenden Zustandshaftung[271] außerordentlich bedenkliches Ergebnis.

Es zeigt sich mithin, daß mit dem Postulat der „objektiven" Vorhersehbarkeit der Gefahr eine Reihe von Interpretationsmöglichkeiten verbunden ist, welche die „Determinationskraft" der Lösung *Selmers* zweifelhaft erscheinen lassen.

cc) Die Grenze zur „schadensersatzgleichen" Störungsbeseitigung

Daneben wäre aber insbesondere auch die Frage zu stellen, wo nach *Selmer* die Schwelle zu der „schadensersatzgleichen" Störungsbeseitigung verlaufen soll. Hier könnte einerseits auf die absolute Höhe der Kosten für die Gefahren- oder Störungsbeseitigung abgehoben werden, wobei dann der Betrag anzugeben wäre, ab dem die Schwelle als überschritten anzusehen ist. Denkbar wäre auch, die Kostenhöhe in Verhältnis zur wirtschaftlichen Leistungsfähigkeit des Pflichtigen zu setzen. Endlich könnte auch daran gedacht werden, das Überschreiten der Schwelle davon abhängig zu machen, inwieweit die zur Gefahrenabwehr getroffenen Maßnahmen einer Wiederherstellung des ursprünglichen Zustandes und damit der Naturalrestitution als Inhalt der Schadensersatzpflicht gleichkommen, wobei dann weiter zu fragen wäre, ob hier eine generalisierende „Faustregel" oder eine einzelfallorientierte Betrachtungsweise Platz zu greifen hätte.

Nach alldem kann dem Vorschlag *Selmers* daher sowohl wegen Bedenken gegen seinen Ausgangspunkt als auch wegen solcher, die seinen Lösungsweg betreffen, nicht gefolgt werden.

3. Kritik der rechtsfolgenorientierten Betrachtungsweise

Gerade die Ausführungen *Selmers* machen aber die entscheidende Schwäche einer (rein) folgenorientierten Betrachtungsweise deutlich. Die Polizeigesetze der Länder knüpfen an den Tatbestand der Verursachung die einzige Rechtsfolge, daß die Polizei ihre Maßnahmen gegen den Verursacher zu rich-

---

[270] Vgl. z.B. *OVG Münster,* DVBl 1964, 683, (684).

[271] Diesen Aspekt hebt auch *Schink,* DVBl 1986, 161, (169) hervor.

ten habe. Darüber, welcher Art die Maßnahmen sind und welche Auswirkungen sie auf den Betroffenen haben werden, sagen die Gesetze nichts. Folglich erscheint es zwar sinnvoll, Folgeüberlegungen als *Anlaß* zum Überdenken des polizeirechtlichen Verursachungstatbestandes zu nehmen. Als *Ausgangspunkt* für solche Überlegungen ist der Blick auf die in Rede stehenden Rechtsfolgen aber ungeeignet. Gerade weil die Polizeigesetze nicht nach Umfang und Intensität der Rechtsfolge differenzieren – in Frage kommt je nach Sachverhalt sowohl die wenig einschneidende Aufforderung, ein störendes Verhalten (etwa ruhestörende Gesänge zur Nachtzeit) zu unterlassen, wie eine mit erheblichem Kostenaufwand verbundene „Sanierungsverfügung“ – erscheint es richtig, die Grundlagen der polizeirechtlichen Verhaltenszurechnung allgemein und nicht (nur) im Blick auf bestimmte Folgen der Zurechnung zu untersuchen.

ZWEITER TEIL

Die Stellung der Gefahrenerkennbarkeit in der polizeirechtlichen Zurechnungsdogmatik

I. Gefahrenerkennbarkeit und die „inneren Zurechnungsgründe"

1. Die „materielle Polizeipflicht"

a) Die materielle Polizeipflicht als Nichtstörungspflicht

Zahlreiche Darstellungen zum Polizei- und Ordnungsrecht gehen einhellig entweder ohne Begründung oder mit der Erläuterung, daß er „seit jeher" gelte, von dem Grundsatz aus, daß jedermann verpflichtet sei, sein Verhalten so einzurichten, daß daraus keine Störungen oder Gefahren für die öffentliche Sicherheit oder Ordnung entstehen.[1] Andererseits wird vertreten, daß die Generalklausel jedenfalls für sich alleine genommen keinen Rechtswidrigkeitsmaßstab biete, dessen Verletzung eine polizeirechtliche Inanspruchnahme rechtfertigen könnte.[2] Einerseits wird argumentiert, die der polizeilichen Generalklausel immanente[3] „Pflicht zur Gemeinwohlverträglichkeit" bedinge in einem Verfassungsstaat, daß der Bürger als Grundrechtsträger regelmäßig seine konkrete Pflicht auch erkennen könne. Die Verhaltensanweisung zur Gefahrvermeidung könne nur wirksam werden, wenn die Gefahren für den Bürger prinzipiell auch erkennbar seien.[4] Dies bedeute für den gewaltunterworfenen Bürger, daß die ihm obliegende Nichtstörungspflicht von ihm verlange, daß er sein Verhalten so einrichtet, daß nach dem *im Zeitpunkt des Handelns* gegebenen Erkenntnisstand eine Gefahrenlage vermieden wird.[5] Auf der andern Seite wird daran festgehalten, daß die polizeiliche Haf-

---

1 *Drews / Wacke / Vogel / Martens,* Gefahrenabwehr, S. 293; *Götz,* Allgemeines Polizei- und Ordnungsrecht, Rdn. 189; *Wolff / Bachof,* Verwaltungsrecht III, § 127, Rdn. 1; *Prümm,* in: Ley / Prümm, Staats- und Verwaltungsrecht für Rheinland Pfalz, Kap. I, Rdn. 69. Ausführlicher, aber im Grunde auch lediglich an die Anerkennung der „materiellen Polizeipflicht" in der Rechtsprechung des PrOVG und in der älteren Literatur anknüpfend *Peine,* DVBl 1980, 941, (948). Eine Ausnahme bildet der ausführliche Begründungsversuch *Dürigs,* AöR 79 (1953), 57.

2 Etwa *Pietzcker,* DVBl 1984, 457, (459); *Kloepfer,* UTR 1, S. 25; *ders.,* NuR 1987, 7, (9).

3 Näher *Götz,* Allgemeines Polizei- und Ordnungsrecht, Rdn. 189.

4 *Kloepfer,* UTR 1, S. 27; *ders.,* NuR 1987, 7, (10).

5 *Papier,* Altlasten, S. 37; *ders.,* UTR 1, S. 70; *ders.,* DVBl 1985, 873, (877); *ders.,* NVwZ 1986, 256, (259); *ders.,* et 1987, 437, (438).

tung eine reine Verursachungshaftung ist, die auf die objektive Gefahrenlage abzielt und unabhängig davon eintritt, daß der Verursachende die Gefahrensituation erkennen konnte.[6]

Die Verantwortlichkeit des einzelnen, Gefahren zu vermeiden, ist als eigenständige Pflicht in keinem Polizeigesetz festgelegt. Die Gesetze formulieren vielmehr an die Polizei adressierte Eingriffsermächtigungen.[7] Bereits in der amtlichen Begründung des PrPVG war indes angeführt, daß es ein „anerkannter Grundsatz unseres gesamten bürgerlichen und öffentlichen Rechts" sei, daß „jedermann sein persönliches Verhalten ... polizeimäßig einzurichten", d.h. so einzurichten hat, daß keine polizeiliche Gefahr verursacht wird. Das „Innehalten dieser der freien Auswirkung der Person ... gesetzten Schranken" war nach dieser Begründung eine gesetzliche Verpflichtung, für deren Erfüllung bei entstehenden Vermögensschäden ein Ersatzanspruch nicht geltend gemacht werden konnte.[8] Eine ausdrückliche Statuierung der materiellen Polizeipflicht findet sich in § 33 ThürLVO vom 10. 6. 1926, wo es heißt:

> „In Ausübung der Polizei können alle nötigen Maßregeln getroffen werden. Insbesondere kann von jedermann verlangt werden, 1. daß er sein Verhalten so einrichtet, oder für ein solches Verhalten der Person, für die er verantwortlich ist, oder für einen solchen Zustand der Sache, für die er einzustehen hat, sorgt, daß dadurch keine Gefahr im Sinne des § 32 verursacht wird, 2. daß er eine solche Gefahr, die er durch sein Verhalten oder durch die in Ziff. 1 bezeichnete Person oder Sache verursacht worden ist, beseitigt.[9]

Der größte Teil der derzeitigen polizeirechtlichen Literatur geht – wie erwähnt – ebenfalls von dem Bestehen einer sich unmittelbar aus der Generalklausel ergebenden „Pflicht zur Gemeinwohlverträglichkeit"[10] bzw. zu gefahrvermeidendem Verhalten aus. Allerdings sind auch Stimmen laut geworden, die eine solche Pflicht negieren[11] oder ihr einen anderen Inhalt geben wollen.

---

[6] *Wacke,* DÖV 1960, 93, (94); *Vollmuth,* VerwArch 68 (1977), 45, (46); *Rasch,* Allgemeines Polizei- und Ordnungsrecht, § 4 MEPolG, Rdn. 12; *Drews / Wacke / Vogel / Martens,* Gefahrenabwehr, S. 293; *Götz,* Allgemeines Polizei- und Ordnungsrecht, Rdn. 191; *Wolff / Bachof,* Verwaltungsrecht III, § 127, Rdn. 5; auch *Papier,* Altlasten, S. 37.

[7] *Götz,* Allgemeines Polizei- und Ordnungsrecht, Rdn. 189.

[8] Amtliche Begründung zu § 70 PrPVG, zit nach *Klausener / Kerstiens / Kempner,* Polizeiverwaltungsgesetz, S. 379; *Gantner,* Verursachung, S. 61 f.

[9] Zit. nach *Hennes,* Der Verursachungsbegriff im Polizeirecht, S. 17. Angesichts des Wortlautes könnte die Vorschrift auch so interpretiert werden, als entstünde die Verpflichtung erst auf Verlangen der Polizei. Näher liegt es aber, eine unmittelbare Verpflichtung des einzelnen zu polizeimäßigem Verhalten anzunehmen.

[10] *Kloepfer,* UTR 1, S. 27; *ders.,* NuR 1987, 7, (10).

[11] Insbesondere *Wagner,* Die Polizeipflicht von Hoheitsträgern, S. 24 ff.; *Hurst,* AöR 83 (1958), 43, (65); *Rupp,* Grundfragen der heutigen Verwaltungsrechtslehre, S. 229 f. mit Fußn. 405; *Beckhoff,* Das Kausalitätsproblem im Polizeirecht, S. 45.

b) *Andere Auffassungen*

Diese zuletzt genannte, insbesondere von *Czeczatka* vertretene Auffassung sieht in der materiellen Polizeipflicht den Inhalt, daß jedermann verpflichtet sei, Gefahren (und Störungen) für die öffentliche Sicherheit oder Ordnung *zu beseitigen,* die durch sein Verhalten entstanden sind.[12] Die „mit schillernder Bedeutung zitierte Nichtstörungspflicht" gibt es nach dieser Auffassung hingegen nicht.[13]

Demgegenüber will *Wagner,* der unter denjenigen, die das Bestehen einer materiellen Polizeipflicht ablehnen, an erster Stelle zu nennen ist[14], als Konsequenz dieser Ablehnung die (in seinem Sinne verstandene) Polizeipflicht mit dem Erlaß einer Polizeiverfügung gegen denjenigen entstehen lassen, den die Vorschriften über die „Polizeipflichtigen Personen" als zulässigen Adressaten der Verfügung ausweisen. Erst als Folge der Polizeiverfügung soll nach *Wagner* die für diesen Fall in den Polizeigesetzen vorgesehene Pflicht zur Beseitigung oder Unterlassung einer Störung einsetzen.[15] Zu dem Zeitpunkt, zu dem eine Polizeiverfügung ergeht und nach *Wagner* die Beseitigungs- oder Unterlassungspflicht entstehen soll, ist die Gefahr aber jedenfalls erkennbar geworden. Eine Aussage darüber, ob derjenige, der eine zum damaligen Zeitpunkt unerkennbare Gefahr geschaffen hat, zulässigerweise als polizeipflichtige Person in Anspruch genommen wird, enthalten die Thesen *Wagners* nicht.

c) *Gefahrenerkennbarkeit und materielle Polizeipflicht*

Die Befürworter des Bestehens einer „materiellen Polizeipflicht" sehen in ihr die Rechtfertigung der Inanspruchnahme des Verursachers einer Gefahr oder einer Störung: Ist die Aufrechterhaltung der öffentlichen Sicherheit und Ordnung grundlegende Voraussetzung für den Bestand der staatlichen Gemeinschaft und kommt hinzu, daß der Bürger nach der Verfassungsordnung nicht als ein der Staatsgewalt unterworfenes Objekt angesehen werden kann, sondern vielmehr das Volk – und damit der einzelne Bürger – „primärer Träger der Staatsgewalt" ist, so liegt es nahe, daß der Bürger schon aus seiner staatsbürgerlichen Stellung verpflichtet ist, unter dem Einsatz eigener Mittel an der Aufrechterhaltung der öffentlichen Sicherheit und Ordnung mitzuwirken.[16] Dabei kann die Lastenverteilung sinnvollerweise nur dergestalt sein,

---

[12] *Czeczatka,* Der Einfluß privatrechtlicher Rechtsverhältnisse auf Erlaß und Inhalt polizeilicher Hoheitsakte, S. 55 (Hervorhebung im Original); *Rasch,* in: HdB der kommunalen Wissenschaft und Praxis, Bd. 4, § 73 C III 3 (S. 111); *Peine,* DVBl 1980, 941, (948); *Bracher,* Gefahrenabwehr durch Private, S. 43 f.

[13] *Czeczatka,* Der Einfluß privatrechtlicher Rechtsverhältnisse, S. 55 f.

[14] *Czeczatka,* Der Einfluß privatrechtlicher Rechtsverhältnisse, S. 41.

[15] *Wagner,* Die Polizeipflicht von Hoheitsträgern, S. 76 f. Ebenso im Ergebnis *Papier,* UTR 1, S. 80 f.; *Schwachheim,* NVwZ 1988, 225, (226).

daß jeder Bürger in dem Bereich, in dem er wirkt und in dem er die tatsächliche und rechtliche Herrschaft ausübt, dafür zu sorgen hat, daß aus diesem keine Beeinträchtigungen der öffentlichen Sicherheit und Ordnung hervorgehen.[17] Indem diese Begründung auf den Herrschaftsbereich des einzelnen verweist, weist sie gleichzeitig auf die Grenzen der Nichtstörungspflicht hin. Die Nichtstörungspflicht des einzelnen kann nur soweit reichen, als ihr Inhalt erkennbar ist. Eine Verhaltensanweisung, die nicht mindestens prinzipiell erkennbar ist, verliert ihren Sinn.

Demgemäß hat auch die Kritik derer, die das Bestehen einer materiellen Polizeipflicht in der Form einer Nichtstörungspflicht ablehnen, hauptsächlich daran angesetzt, daß auch dieser Pflichtbegriff noch zu unbestimmt sei und gemessen an der Störerhaftung ins Uferlose ausgedehnt werde.[18] Ebenso argumentiert *Wagner* zur Stützung seiner generellen Ablehnung der materiellen Polizeipflicht auch damit, daß in einer differenzierten Gesellschaft die unerwünschten Vorgänge und Zustände zu zahlreich seien, als daß sie der betroffene Bürger alle kennen könnte. Daher könnten bestimmte Vorgänge und Zustände durch Appelle der Rechtsordnung an die Rechtsgenossen nicht wirksam verhindert werden. Eine effektive Gefahrenabwehr erfordere Spezialisten, welche die unerwünschten Vorgänge und Zustände kennen und zu deren Vermeidung und Beseitigung mit tauglichen Mitteln vorgehen können. Werde dabei gegen den, den die Vorschriften über die „polizeipflichtigen Personen" als Adressaten ausweisen, eine Verfügung erlassen, die nach *Wagner* die Polizeipflicht konstituiert, so entstehe diese Pflicht als differenzierender Individualakt nur gegen den, der „hören" kann und verlange nur, was der Betroffene zu leisten vermag.[19]

Soweit die hier interessierende Fragestellung betroffen ist, unterscheiden sich die Auffassungen mithin im wesentlichen nur hinsichtlich des Umfanges und der Bestimmtheit des Pflichteninhalts, der für den Bürger prinzipiell erkennbar sein muß. Hingegen bietet keine der dargestellten Auffassungen Anhaltspunkte dafür, daß auch der Verursacher der objektiv unerkennbaren Gefahr für deren Beseitigung in Anspruch genommen werden soll. Dies wird etwa deutlich, wenn *Wagner* in seiner Definition der Rechtspflicht resümiert, daß eine solche nicht bestehen könne, wenn der Adressat (scil. der Rechtsunterworfene) keine Kenntnismöglichkeit habe.[20] Einen anderen Standpunkt scheint allerdings *Czeczatka* einzunehmen, wenn er postuliert, daß das Entstehen einer Rechtspflicht nicht davon abhängig sein könne, daß jemand das sie

---

[16] *Vollmuth,* Bestimmung, S. 54.

[17] *Vollmuth,* Bestimmung, S. 55.

[18] *Rupp,* Grundfragen, S. 229 f. mit Fußn. 405; *Czeczatka,* Der Einfluß privatrechtlicher Rechtsverhältnisse, S. 51 ff.

[19] *Wagner,* Die Polizeipflicht von Hoheitsträgern, S. 76 f.

[20] *Wagner,* Die Polizeipflicht von Hoheitsträgern, S. 62. Gegen ihn allerdings *Czeczatka,* Der Einfluß privatrechtlicher Rechtsverhältnisse, S. 65 ff.

bewirkende Ereignis kennt oder kennen kann.[21] Indes meint *Czeczatka,* wie seine nachfolgenden Beispiele belegen, die subjektive Erkennbarkeit der Gefahrenlage. Ein Bezug auf die Irrelevanz auch der objektiven Gefahrenerkennbarkeit würde ihn im übrigen auch in Widerspruch zu dem von ihm selbst an die Adresse der Vertreter der Polizeipflicht als allgemeiner Nichtstörungspflicht gerichteten Vorwurf zu großer Unbestimmtheit[22] und dem Postulat bringen, daß Gegenstand der materiellen Polizeipflicht nur ein bestimmtes Verhalten sein kann.[23] Die Forderung nach hinreichender Bestimmbarkeit eines Verhaltens setzt indes zumindest dessen prinzipielle Erkennbarkeit voraus.

Bei der Beantwortung der Frage, welcher Theorie zur materiellen Polizeipflicht der Vorzug zu geben ist, ist zu berücksichtigen, daß in der Auffassung der Vertreter, die sie als allgemeine Nichtstörungspflicht interpretiert sehen wollen, zumindest der Grund für die polizeiliche Inanspruchnahme deutlich wird: Wer die ihm obliegende Nichtstörungspflicht verletzt und eine Gefahr für die öffentliche Sicherheit oder Ordnung geschaffen hat, ist verantwortlich für deren Beseitigung. Interpretiert man dagegen die materielle Polizeipflicht als Gefahrenbeseitigungspflicht ohne korrespondierende Gefahrenvermeidungspflicht[24], so wird daraus weniger deutlich, warum ausgerechnet der Verursacher oder der Inhaber der störenden Sache zur Gefahrenbeseitigung verpflichtet sein sollen.[25] Auch in der Theorie *Wagners* wird der Konnex zwischen der eingetretenen Gefahr und dem sie verursachenden Verhalten oder Zustand nicht recht deutlich. Insgesamt kann indes festgehalten werden, daß allen Auffassungen nach dem Gesagten die Forderung prinzipieller Erkennbarkeit der Gefahrverursachung gemein ist.

2. Die Zurechnung von Unrecht und von Risiken

In jüngerer Zeit hat *Gantner* versucht, nachzuweisen, daß der Gedanke der „materiellen Polizeipflicht" als innerer Grund der polizeirechtlichen Zurechnung nicht herangezogen werden könne. Nach seiner Auffassung basiert die

---

[21] *Czeczatka,* Der Einfluß privatrechtlicher Rechtsverhältnisse, S. 65.

[22] *Czeczatka,* Der Einfluß privatrechtlicher Rechtsverhältnisse, S. 54 mit Fußn. 121.

[23] *Czeczatka,* Der Einfluß privatrechtlicher Rechtsverhältnisse, S. 54; *Peine,* DVBl 1980, 941, (948).

[24] Nach *Czeczatka,* Der Einfluß privatrechtlicher Rechtsverhältnisse, S. 56 ist zwar der „Schluß" von der Pflicht zur Beseitigung einer Störung auf ein tunliches Nichtstören möglich, für die Annahme einer Pflicht soll dieses aber nicht ausreichen.

[25] Der heute selbstverständlich erscheinende Satz, daß die Polizei ihre Maßnahmen zur Gefahrenabwehr (regelmäßig) gegen den Verursacher zu richten hat, verdankt sein Entstehen der Rechtsprechung des *PrOVG,* kann mithin erst auf eine verhältnismäßig kurze Tradition zurückblicken. Einen ausführlichen Überblick über die Wandlung von der obrigkeitsstaatlichen „kollektiven" Heranziehung zur Beschränkung auf die Inanspruchnahme des Verursachers gibt *v. Stechow,* Beitrag zur Entwicklungsgeschichte des Polizeirechts, S. 20 ff., 35 ff.

polizeiliche Inanspruchnahme vielmehr auf der Zurechnung von Unrecht auf der einen und der Zurechnung von Risiken auf der anderen Seite.[26]

a) Gefahrenerkennbarkeit und Zurechnung von Unrecht

Zurechnung von Unrecht bedeutet dabei für die Verhaltenshaftung, daß ein rechtswidriges Verhalten, das sich als Gefahr darstellt oder sonst eine Gefahr verursacht, polizeirechtliche Verantwortlichkeit begründet. Ein solches Verhalten und seine Folgen sollen deshalb zugerechnet werden, weil der einzelne den Anforderungen, die die Rechtsordnung an ihn stellt, nicht entspricht.[27] Den Anforderungen der Rechtsordnung kann aber nur dann entsprochen werden, wenn sie prinzipiell erkennbar sind. Konsequent folgert *Gantner,* daß, soweit es sich um die Zurechnung von Unrecht handelt, eine Verantwortung für die inadäquaten Folgen eines Verhaltens ausscheiden müsse. Dieses nicht nur deshalb, weil die Rechtsordnung regelmäßig keine Vorschriften formuliere, in denen (ausdrücklich) zur Vermeidung einer inadäquaten Verursachung von Erfolgen aufgefordert werde, sondern weil auch dort, wo in ihr einzelne Verhaltensregeln formuliert sind oder aus ihr abgeleitet werden und ein Verstoß gegen solche Verhaltensregeln vorliegt, es regelmäßig nicht in der Zielrichtung des formulierten Verhaltensgebotes oder -verbotes liege, inadäquat verursachte Erfolge zu vermeiden.[28]

b) Gefahrenerkennbarkeit und Zurechnung von Risiken

Neben diese „Zurechnung von Unrecht" stellt *Gantner* die „Zurechnung von Risiken". Hierunter versteht er Zurechnungssachverhalte, für die sich eine Verantwortlichkeit nur dann ergeben wird, wenn sich die durch ein Verhalten verursachte Gefährdung der öffentlichen Sicherheit oder Ordnung als Verwirklichung eines gerade diesem Verhalten zuzuordnenden Haftungsrisikos darstellt.[29] Damit wird die Konsequenz aus dem Postulat gezogen, daß es im Polizeirecht, wie auch in anderen Bereichen der Rechtsordnung möglich sein müsse, daß der einzelne in gewissem Rahmen für sein Verhalten und für die Folgen seines Verhaltens auch dann zur Verantwortung gezogen werden kann, wenn er sich nicht rechtswidrig verhalten hat. So wie bei den Gefährdungshaftungstatbeständen des Zivilrechts vielfach ein mit einem Schadensrisiko behaftetes Verhalten von der Rechtsordnung erlaubt werde, im Falle, daß sich das in dem Verhalten liegende Schadensrisiko realisiere, die Verpflichtung zum Schadensersatz aber auch dann bestehe, wenn kein rechts-

---

[26] *Gantner,* Verursachung, S. 49 ff.
[27] *Gantner,* Verursachung, S. 53.
[28] *Gantner,* Verursachung, S. 163.
[29] *Gantner,* Verursachung, S. 53 f.

widriges Verhalten vorgelegen habe, so könne die Rechtsordnung für solche „erlaubten Risiken“ auch zur Gefahrenabwehr und zur Tragung der Kosten für die Gefahrenabwehr verpflichten.[30] Als allgemeines Prinzip soll dabei gelten, daß jedes Verhalten, das eine Gefahr in der Weise verursacht, daß sich diese als Verwirklichung eines gerade durch dieses Verhalten begründeten Risikos der Gefahrverursachung darstellt, nach dem Zurechnungsprinzip „Zurechnung von Risiken“ zur polizeirechtlichen Verantwortung führt. Dabei soll es nicht nur um solche Sachverhalte gehen, in denen typisch riskante Verhalten eine Gefahr verursachen. Auch wenn sich Gefahren aus an sich nicht riskanten, typischerweise ungefährlichen Verhalten ergeben, müssen diese dann zurechenbar sein, wenn sie im Einzelfall doch zu einer Gefahr führen.[31] Als Grenze der Zurechnung soll aber der Fall betrachtet werden, daß nur ein „äußerer Zusammenhang“ zwischen einem Verhalten und der Gefahr besteht, der es ausschließt, die Gefahr als die Realisierung eines gerade dem verursachenden Verhalten zuzuordnenden Risikos anzusehen. Es soll also grundsätzlich keine Verhaltenshaftung vorliegen, wenn die Folgen eines Verhaltens diesem verursachenden Verhalten nicht eigen sind.[32] Ist somit die Verantwortlichkeitszurechnung aufgrund der Zurechnung von Risiken verhältnismäßig weit gefaßt, so sind doch – wenn die Risikozurechnung nicht ausufern soll – einige Grenzen zu markieren. Dies wird auch bei *Gantner* selbst deutlich, wenn er ausführt, die Risikozurechnung könne nur „in einem gewissen Rahmen“ erfolgen[33]; Voraussetzung sei, daß in dem Verhalten ein Zurechnungsgrund gefunden werden könne[34] und daß das Interesse an der Handlungsfreiheit des einzelnen bei der Zurechnung zu berücksichtigen sei.[35] Daher wird auch für die Zurechnung von Risiken gelten müssen, daß eine Verantwortlichkeit dann nicht (mehr) gerechtfertigt werden kann, wenn das Schadensrisiko außerhalb jeder Erkennbarkeit liegt.[36]

3. Exkurs: Die Gefahrenerkennbarkeit im umweltrechtlichen Verursacherprinzip

Die Frage nach dem Einfluß der Gefahrenerkennbarkeit auf die Bestimmung des polizeirechtlich Verhaltensverantwortlichen ist insbesondere im Zusammenhang mit der Altlastenproblematik, mithin einer umweltrechtli-

---

[30] *Gantner,* Verursachung, S. 54.

[31] *Gantner,* Verursachung, S. 56; a. A. insoweit wohl *Vollmuth,* VerwArch 68 (1977), 45, (55); *Kloepfer,* Rechtsprobleme der Altlastensanierung, S. 67.

[32] *Gantner,* Verursachung, S. 170.

[33] *Gantner,* Verursachung, S. 54.

[34] *Gantner,* Verursachung, S. 56.

[35] *Gantner,* Verursachung, S. 59, 170.

[36] *Kloepfer,* UTR 1, S. 30; *ders.,* NuR 1987, 7, (10 f.); *Koch,* Bodensanierung, S. 18; *Herrmann,* Flächensanierung, S. 124; *ders.,* DÖV 1987, 666, (673 f.); *Niemuth,* DÖV 1988, 291, (295). Aus der älteren Literatur *Scholz-Forni,* VerwArch 30 (1925), 11, (40).

chen und umweltpolitischen Fragestellung virulent geworden. Vor diesem Hintergrund erscheint es sinnvoll, den Einfluß der Vorhersehbarkeit bestimmter Erfolge auf die Anwendung eines der tragenden umweltrechtlichen und umweltpolitischen Prinzipien, des Verursacherprinzips, zu untersuchen. Dieses Prinzip, das in der umweltpolitischen Diskussion eine tragende Rolle spielt, ist im Umweltprogramm der Bundesregierung vom 14. 10. 1971 prägnant formuliert: „Jeder, der die Umwelt belastet oder schädigt, soll für die Kosten dieser Belastung oder Schädigung aufkommen".[37] Entgegen dieser Definition wird das Verursacherprinzip indes vielfach nicht als reines Kostenzurechnungsprinzip angesehen.[38] Sowohl in seiner Ausformung als Kostenzurechnungsprinzip wie auch in einer erweiterten Sicht, die auch direkte Verhaltensregulierung und anreizausübende Abgaben als alternative durch das Verursacherprinzip gedeckte Mittel zur Durchsetzung umweltpolitischer Ziele ansieht[39], ist das Verursacherprinzip jedenfalls nicht nur ein Prinzip der nachträglichen Kostenverteilung bereits entstandener Umweltschäden, sondern es dient vorrangig der Vermeidung oder Begrenzung von Umweltbeeinträchtigungen. Aus dieser Zielsetzung heraus ergibt sich, daß das Verursacherprinzip – gleichgültig in welcher Systemvariante es vertreten wird[40] – eine Steuerung des Verhaltens von Wirtschaftssubjekten erstrebt.[41] Von diesem Ansatz her erscheint es aber wenig sinnvoll, die Wirtschaftssubjekte mit Kosten für Umweltbeeinträchtigungen zu belasten, die nicht als solche erkennbar sind. Eine Verhaltenssteuerung – sei es durch das Setzen von Anreizen oder die Androhung einer Kostenbelastung – setzt voraus, daß das angestrebte Verhalten bzw. die „drohenden" Kosten für die Inanspruchnahme der Umwelt bekannt oder jedenfalls erkennbar sind.[42]

Trotz der gleichlautenden Bezeichnung ist indes festzuhalten, daß es zwischen dem umweltpolitischen Verursacherprinzip und der polizeirechtlichen Verursacherhaftung Unterschiede gibt. Während das Verursachungsprinzip des allgemeinen Polizeirechts lediglich die Verantwortlichkeit des einzelnen

---

[37] BT-Drs. VI/2710, S. 6 (These 2) und 10 f. Vgl. auch Art. 2 des schweizerischen Bundesgesetzes über den Umweltschutz (Umweltschutzgesetz – USG) vom 7. 10. 1983, AS 1984, 1122, (SR 814. 01), wo es unter der Überschrift „Verursacherprinzip" schlicht heißt: „Wer Maßnahmen nach diesem Gesetz verursacht, trägt die Kosten dafür".

[38] *Rehbinder,* Politische und rechtliche Probleme des Verursacherprinzips, S. 36; *Breuer,* in: v. Münch (Hrsg.), Besonderes Verwaltungsrecht, S. 545 f; *Schmidt,* Einführung in das Umweltrecht, S. 4; *Meßerschmidt,* Umweltabgaben als Rechtsproblem, S. 86 ff. Abw. (vorrangig Kostenzurechnungsprinzip) *Erbguth,* Rechtssystematische Fragen des Umweltrechts, S. 94; *Bender / Sparwasser,* Umweltrecht, Rdn. 23. Anders (Kostenzurechnungsprinzip) Umweltbericht '76 der Bundesregierung, BT-Drs. 7/5684, S. 8; wohl auch *Ewringmann,* Verursacherprinzip, in: HdUR Bd. 2, Sp. 1049 f.

[39] *Rehbinder,* Politische und rechtliche Probleme des Verursacherprinzips, S. 36; *Breuer,* in: v. Münch (Hrsg.), Besonderes Verwaltungsrecht, S. 546.

[40] Hierzu *Breuer,* in: v. Münch (Hrsg.), Besonderes Verwaltungsrecht, S. 546 f.

[41] *Koch,* Gutachten, in: Bodensanierung, S. 54 f.

[42] *Koch,* Gutachten, in: Bodensanierung, S. 55.

für die Abwehr von Gefahren regelt, greift das umweltpolitische Verursacherprinzip insofern weiter, als es sich auch auf Belastungen und Schädigungen der Umwelt unterhalb der Gefahrenschwelle bezieht.[43] Daher sind Verursacherprinzip und polizeirechtliches Störerprinzip nicht von vornherein gleichzusetzen.[44] Hinzu kommt, daß das Verursacherprinzip als zunächst rechtspolitisches Desiderat selbst keine Aussagen trifft, wer Verursacher ist, sondern von dessen Bestimmbarkeit ausgeht. Immerhin bleibt bemerkenswert, daß in der Frage der Rolle der Gefahrenerkennbarkeit die polizeirechtlichen Zurechnungsprinzipien und das Verursacherprinzip des Umweltrechts zu deckungsgleichen Ergebnissen kommen.

4. Gefahrenerkennbarkeit und „objektive Zustände"

Als Befund läßt sich insgesamt festhalten, daß sowohl der der polizeirechtlichen Inanspruchnahme zugrundeliegende Gedanke der materiellen Polizeipflicht als auch der Gedanke der Zurechnung nach Pflichtwidrigkeit und Risikosphäre ebenso von der prinzipiellen Erkennbarkeit der Gefahrverursachung ausgehen, wie das umweltpolitische Verursacherprinzip. Diesem Befund diametral gegenüber steht indes die vielfach vertretene Auffassung, das Polizeirecht ziele einzig und allein auf objektive Zustände ab[45], aus der weiter gefolgert wird, der Störereigenschaft sei infolgedessen ein kognitives Element fremd[46], auf Erkennbarkeit der Gefahrenverursachung könne es mithin nicht ankommen.

Der Satz, daß der Störereigenschaft ein kognitives Element fremd sei, ist, auch wenn er aus dem Umstand, daß die polizeirechtliche Zurechnung verschuldensunabhängig ist, zwingend zu folgen scheint[47], kein Dogma, sondern zunächst nur eine These. Sie fußt – wie gesehen – auf der Annahme, daß das Polizeirecht alleine auf objektive Zustände abziele, die Eigenschaft als Störer werde deshalb ausschließlich durch ein objektiv störendes Verhalten begründet.[48] Auf der anderen Seite wird aber im Falle des Zweckveranlassers teils darauf abgehoben, daß sein Verhalten die eingetretene Störung als notwendige Folge „billigend in Kauf" genommen[49] bzw. „objektiv bezweckt" habe.[50]

---

[43] *Gantner,* Verursachung, S. 28 f.

[44] *Meßerschmidt,* Umweltabgaben als Rechtsproblem, S. 91.

[45] Ausdrücklich etwa *Drews / Wacke / Vogel / Martens,* Gefahrenabwehr, S. 293; *Götz,* Allgemeines Polizei- und Ordnungsrecht, Rdn. 191; *Wacke,* DÖV 1960, 93, (94); *Beckhoff,* Das Kausalitätsproblem im Polizeirecht, S. 8; in der Sache ebenso *Rasch,* Allgemeines Polizei- und Ordnungsrecht, § 4 MEPolG, Rdn. 17; *Scholler / Broß,* Polizei- und Ordnungsrecht, S. 195.

[46] *Wacke,* DÖV 1960, 93, (94); *Vollmuth,* VerwArch 68 (1977), 45, (46), *Schink,* DVBl 1986, 161, (169); *Kothe,* ZRP 1987, 399, (401).

[47] *Schink,* DVBl 1986, 161, (169); *Kothe,* ZRP 1987, 399, (401).

[48] *Drews / Wacke / Vogel / Martens,* Gefahrenabwehr, S. 293.

Zur Rechtfertigung der Inanspruchnahme eines „latenten Störers" wird angeführt, daß das zugerechnete Verhalten *von vornherein* im Verhältnis zum Normalmaß eine erhöhte Gefahrtendenz *gezeigt habe*.[51] Das *OVG Hamburg* hat in einer Entscheidung aus dem Jahr 1983 die Inanspruchnahme eines Ölablagerers aufgrund § 26 Abs. 2 Satz 1 WHG begrenzt, dessen Öl aufgrund einer Sturmflut bis dahin ungekannten Ausmaßes (Pegelstand NN + 6,49 m) in den Marktkanal gelangt war. Zurechenbar sei insoweit nur die Verschmutzung durch die Ölmenge, die infolge fehlender Sicherheitsmaßnahmen gegen eine Sturmflut mit dem *bis dahin* höchsten bekannten Pegelstand (NN + 6,13 m 1962) in den Kanal gelangt sei. Mit einem höheren Pegelstand habe nicht gerechnet werden müssen.[52] Diese Begründung will *Selmer* nicht alleine auf § 26 Abs. 2 Satz 1 WHG begrenzt sehen: Die Veranschlagung der polizeirechtlich erheblichen Verursachung hätte seiner Auffassung nach schwerlich anders ausfallen dürfen, wenn es diese Bestimmung nicht gäbe.[53]

II. Gefahrenerkennbarkeit und Verschulden

1. Die Gleichsetzung der Gefahrenerkennbarkeit mit Verschulden

Das Mißverständnis, das der Ablehnung eines Einflusses der Gefahrenerkennbarkeit auf das Bestehen der polizeirechtlichen Verhaltensverantwortlichkeit zugrundeliegt, könnte darin bestehen, daß das Erkennbarkeitserfordernis vielfach mit der Einführung einer Verschuldensabhängigkeit in den polizeirechtlichen Verursachungstatbestand gleichgesetzt wird.[54] Bereits *Schultzenstein* begründete seine Ablehnung des Vorhersehbarkeitserfordernisses mit dem Argument, mit ihm würde in die Urheberschaft das ihr und dem Polizeirecht überhaupt ganz fremde Element einer Berücksichtigung des größeren oder geringeren Maßes von Aufmerksamkeit und Sorgfalt hineingetragen und damit die Haftung nicht bloß von der Urheberschaft, sondern von

---

49 *Ule / Rasch,* Allgemeines Polizei- und Ordnungsrecht, § 19 PrPVG, Rdn. 9. Kritisch dazu (Befrachtung des Verursachungsbegriffes mit „unzulässigen subjektiven Momenten") aber *Vollmuth,* VerwArch 68 (1977), 45, (51).

50 *Götz,* Allgemeines Polizei- und Ordnungsrecht, Rdn. 196.

51 *OVG Lüneburg,* OVGE 14, 396, (403). Kritisch dazu *Sendler,* WiVerw 1977, 94, (95 ff. mit Fußn. 7).

52 *OVG Hamburg,* DÖV 1983, 1016, (1018); zum Erfordernis der Vorhersehbarkeit im Rahmen des § 26 Abs. 2 Satz 1 WHG näher *Breuer,* Öffentliches und privates Wasserrecht, Rdn. 139.

53 *Selmer,* Gedächtnisschrift W. Martens, S. 495 f.

54 Besonders deutlich etwa bei *Kothe,* ZRP 1987, 399, (401): „Zum anderen ist die Störereigenschaft bewußt verschuldensunabhängig ausgestaltet; ein kognitives Element ist ihr fremd". Ebenso *Schink,* DVBl 1986, 161, (169); *Hoffmann,* Der Verursacher im Polizeirecht, S. 25, 55; vgl. auch *Rasch,* Allgemeines Polizei- und Ordnungsrecht, § 4 MEPolG; Rdn. 17; *VGH München,* BayVBl 1965, 280.

der Urheberschaft und dem Vorhandensein einer gewissen Fahrlässigkeit abhängig gemacht.[55] Aus neuerer Zeit sei als Beispiel noch eine Formulierung von *Götz* genannt: „Mit dem Verursachungskriterium wird ein Verschuldenskriterium strikt ausgeschieden. Das Polizei- und Ordnungsrecht zielt auf objektive Zustände ab, will nicht ahnden oder wegen persönlicher Schuld zur Verantwortung ziehen".[56]

2. Das Verschulden im Polizeirecht – Die Rechtsprechung des *PrOVG*

Die Rechtsprechung des *PrOVG* war in der Frage, ob die polizeiliche Inanspruchnahme von einem Verschulden abhängig zu machen sei, zunächst weniger eindeutig und schien sie zunächst bejahen zu wollen. Anknüpfungspunkt war dabei das als „Valkyrie-Entscheidung" bekannt gewordene Urteil des *PrOVG* vom 19. November 1903[57], dem verkürzt der folgende Sachverhalt zugrundelag:

Das englische Volleisenschiff „Valkyrie" war in der Elbe gesunken. Einem beauftragten Bergungsverein gelang es zunächst das Schiff freizubekommen und ca. 1½ km flußaufwärts zu schleppen, wo es abermals festlief. Ein weiterer Versuch, das Schiff in tieferes Fahrwasser zu bringen, um es dort zu leichtern oder zu löschen, scheiterte infolge des Aufkommens dichten Nebels. Bei dem daraufhin unternommenen Versuch, das Schiff an das Ufer zu befördern, wurde infolge des Nebels der Kurs verfehlt, und die „Valkyrie" sank abermals. Dem Bergungsverein, der daraufhin von weiteren Hebungsversuchen abgesehen hatte, wurde nunmehr durch Polizeiverfügung als dem Urheber der Störung die Entfernung des Wracks aufgegeben. Gegen diese Verfügung richtete sich die Klage des Vereins.

Das *PrOVG* verneinte die Störereigenschaft des Bergungsvereines. Das Gericht kam dabei, nachdem es Erwägungen zu der Frage angestellt hatte, ob der Bergungsverein überhaupt die Aufgabe der Bergung der „Valkyrie" hätte übernehmen dürfen, und zu der Frage, welche Vorsichtsmaßnahmen der Kapitän angesichts der Tatsache, daß der Nebel vollkommen unerwartet einsetzte, zu treffen gehabt hätte, zu dem Schluß: „Hiernach ist dieser Zustand ohne ein Verschulden des Klägers und obwohl er alles getan hat, was er nach menschlicher Voraussicht und nach menschlichen Kräften tun konnte und tun mußte, durch höhere Gewalt und von seinem Willen unabhängige, nicht vorherzusehende und vorhergesehene, ihm also nicht anzurechnende Zufälle verursacht worden, mit anderen Worten: Der Kläger ist nicht Urheber des Zustandes".[58]

---

[55] *Schultzenstein,* VerwArch 14 (1906), 1, (26).

[56] *Götz,* Allgemeines Polizei- und Ordnungsrecht, Rdn. 191.

[57] Rep. III. A. 48/08. – *PrOVGE* 44, 418.

[58] *PrOVGE* 44, 418, (426). Krit. *Schultzenstein,* VerwArch 14 (1906), 1, (26 f.).

Diese Entscheidung ist Gegenstand unterschiedlicher Interpretationen geworden. Namentlich *Jellinek* sah in ihr eine Bestätigung des von ihm verfochtenen (teilweisen) Verschuldensprinzips im Polizeirecht.[59] Demgegenüber meinten *Klausener/Kerstiens/Kempner* in dieser Entscheidung einen Beleg für die Anwendung der Adäquanzlehre bei der polizeirechtlichen Verursacherbestimmung erblicken zu können: Als der Unternehmer das Wrack abschleppte, brauchte er nicht mit dem Eintritt des Nebels zu rechnen. Das Abschleppen war demnach zwar eine Bedingung für den polizeiwidrigen Erfolg, aber eine solche, die nicht in ihrer Wirkung vorhergesehen werden konnte.[60] Das *PrOVG* selbst hat in einer späteren Entscheidung unter Bezugnahme auf das „Valkyrie-Urteil" ausgeführt, der tragende Grund für die Verneinung der Urheberschaft des damaligen Klägers sei gewesen, daß das Mißlingen seines Bergungsversuches durch höhere Gewalt und von seinem Willen gänzlich unabhängige, ihm also nicht anzurechnende Zufälle verursacht war.[61] Auffallend an dieser Entscheidung ist aber auch, daß das Gericht ausdrücklich darauf abstellt, daß der Kläger *absichtlich* gehandelt habe.[62] Ebenso urteilte das Gericht in einer weiteren Entscheidung, daß die (Wege-)Polizeibehörde die Beseitigung der Störung (neben dem Wegebaupflichtigen auch) von demjenigen verlangen könne, der sie *verschuldet* habe.[63]

3. Die Abkehr vom Verschuldensprinzip

Eine eindeutige Abkehr vom Verschuldensprinzip findet sich in der Entscheidung vom 3. 12. 1914, in der das Gericht ausführte, ein Mangel an subjektivem Verschulden hindere die Polizei nicht daran, die beabsichtigte Handlung zu verbieten und zu verhindern; Aufgabe der Polizei sei es, gesetzwidrigen Zuständen entgegenzutreten.[64] Spätestens seit Erlaß des PrPVG vom 1. 6. 1931 ist für die Annahme des Verschuldensprinzips im Polizeirecht kein Raum mehr.[65] Das Petitum *Jellineks,* in § 19 Abs. 1 das Wort „verursacht" durch das Wort „verschuldet" zu ersetzen resp. die Formulierung „verschuldet oder, soweit das bürgerliche Recht eine Haftung ohne Verschulden kennt, verursacht haben" zu wählen[66], stieß ebenso auf Ablehnung[67], wie ein entspre-

---

[59] *Jellinek,* Gesetz, Gesetzesanwendung und Zweckmäßigkeitserwägung, S. 312; *ders.,* Verwaltungsrecht, S. 444; *ders.,* RuPrVBl 52 (1931), 121, (122). Zust. *Stier-Somlo,* Polizeiverwaltungsgesetz, § 19, Anm. 1.

[60] *Klausener / Kerstiens / Kempner,* PrPVG, Erl. § 19 zu 2 a) (S. 155 f.). *Kerstiens,* RuPrVBl 52 (1931), 310, (311): „Eine reine Bedingungstheorie wird abgelehnt; eine gewisse adäquate Verursachung für notwendig erachtet"; ebenso *ders.,* Das Polizeirecht der Gegenwart, S. 41 ff.

[61] *PrOVG,* DJZ 10 (1905), Sp. 820, (821), Nr. 68.

[62] *PrOVG,* DJZ 10 (1905), Sp. 820, Nr. 68 (Hervorhebung durch *Verfasser*).

[63] *PrOVG,* PrVBl 25 (1904), 815, (816) (Hervorhebung durch *Verfasser*).

[64] *PrOVGE* 67, 308, (310).

[65] Anders wohl nur *Sonnen,* Schuld und Haftung im Polizeirecht, S. 29 ff.

chender Antrag, der in der ersten Ausschußlesung gestellt wurde und mit der Begründung zurückgewiesen wurde, daß polizeipraktisch die Verursachungstheorie die einzig mögliche sei.[68]

Indessen sind (objektive) Vorhersehbarkeit und Verschulden nicht von vornherein gleichzusetzen.[69] Freilich gibt es Überschneidungen. So wird im Zivilrecht – anders als im Strafrecht, wo der Verschuldensvorwurf streng persönlichkeitsbezogen ist – für den Bereich des Schadensersatzrechts ein „objektivierter Verschuldensmaßstab" zugrundegelegt.[70] Damit ist aber im Zivilrecht gerade eine gewisse „Abkehr" vom Verschuldensprinzip zu konstatieren.[71] Nicht aber ist die objektive Vorhersehbarkeit damit uneingeschränkt Verschuldensmerkmal geworden.

Im Gegenteil wurde von einem Großteil der früheren polizeirechtlichen Literatur – darunter auch von drei zum Zeitpunkt des Erlasses des PrPVG in der Polizeiabteilung des Preußischen Innenministeriums tätigen Ministerialbeamten – gerade in Abgrenzung von den Vertretern des Verschuldensprinzips und zur Vermeidung unbilliger Härten und zu schwerer Belastungen des einzelnen durch die Geltung des Verursacherprinzips auch für die polizeirechtliche Zurechnung von der Geltung der Adäquanztheorie und damit des Erfordernisses der Vorhersehbarkeit einer Gefahr ausgegangen.[72] Das *PrOVG* ist – soweit ersichtlich – in drei Entscheidungen der Heranziehung des Adäquanzgedankens bei der Bestimmung eines Verursachungsbeitrages als wesentlich nähergetreten, wenn es zwischen dem Tun und dem eingetretenen Zustand eine Beziehung fordert, „die nach den im Verkehrsleben üblichen und berechtigten Anschauungen es rechtfertigt, den Zustand gerade auf seine Handlung zurückzuführen"[73], auf die „berechtigten Anschauungen des Lebens"[74] bzw.

---

66 *Jellinek,* RuPrVBl 52 (1931), 121, (122). Zustimmend *Stier-Somlo,* Polizeiverwaltungsgesetz, § 19, Anm. 1.

67 *Kerstiens,* RuPrVBl 52 (1931), 310, (311).

68 *Semle,* Die Frage der Polizeipflichtigkeit, S. 9.

69 Insoweit zutreffend *Selmer,* Gedächtnisschrift W. Martens, S. 494; *Papier,* Altlasten, S. 37 f. A. A. *Wacke,* DÖV 1960, 93, (94), der meint, wenn man auf Adäquanz oder Voraussehbarkeit abstelle, bringe man ein Element persönlicher Entscheidung, und somit des Verschuldens, in die polizeirechtliche Verantwortlichkeit hinein, das dem Polizeirecht grundsätzlich fremd ist. Bei dieser Argumentation wird indes nicht genug beachtet, daß es auf die persönliche Voraussehbarkeit gerade nicht ankommt.

70 *Larenz,* Schuldrecht I, § 20 III, (S. 285); *Kötz,* Deliktsrecht, S. 63 ff.; *Brüggemeier,* Deliktsrecht, Rdn. 109.

71 Hierzu *Brüggemeier,* Deliktsrecht, Rdn. 106 ff.; *Kötz,* Deliktsrecht, S. 63 ff.

72 *Klausener / Kerstiens / Kempner,* Kommentar zum Polizeiverwaltungsgesetz, § 19, Erl. IV 2 a), (S. 155 f.); *Kerstiens,* RuPrVBl 52 (1931), 310, (311); *ders.,* Das Polizeirecht der Gegenwart, S. 40 ff.; *Franzen,* Lehrkommentar, S. 241 ff.; *Jaschkowitz,* DJZ 31 (1926), Sp. 893, (894); *Semle,* Zur Frage der Polizeipflichtigkeit, S. 12; *Troitzsch,* Die Polizeipflicht in politisch bewegten Zeiten, S. 30; *Exner,* Die polizeipflichtigen Personen, S. 10 f.; *Moser,* Welche Verursachungstheorie gilt im Rahmen der polizeirechtlichen Handlungshaftung?, S. 164 ff.

73 *PrOVGE* 82, 343, (347).

auf die „im Verkehrsleben üblichen und gerechtfertigten Anschauungen“[75] abstellt. Im Schrifttum war die Adäquanztheorie vor 1960 führend.[76]

III. Die Adäquanztheorie im Polizeirecht

1. Zur Herleitung der Adäquanztheorie

Diese Theorie geht wesentlich auf die Arbeiten des Freiburger Physiologen *v. Kries*[77], *Rümelins*[78] und *Traegers*[79] zurück. Trotz mancher gegen sie vorgebrachten Einwände[80] dürfte sie für den Bereich des Zivilrechts nach wie vor als herrschend anzusehen sein.[81] Nach dieser Theorie werden – im Gegensatz zu der im Strafrecht vorherrschenden Äquivalenztheorie[82] – nicht alle im naturwissenschaftlichen Sinne für ein Geschehen kausalen Umstände als gleichwertig angesehen. Vielmehr findet eine Bewertung der vorgefundenen Kausalfaktoren dahingehend statt, daß gefragt wird, ob die in Erwägung gezogene Ursache nach dem regelmäßigen Verlauf der Dinge generell geeignet ist, den rechtlich relevanten Erfolg herbeizuführen[83] oder, um die auf *Enneccerus*[84] zurückgehende „negative“ Formel zu benutzen, ob die Möglichkeit eines Schadens so entfernt ist, daß sie nach allgemeiner Lebenserfahrung nicht mehr in Betracht gezogen werden kann. Der eingetretene Erfolg darf m.a.W. nicht außerhalb jeder Wahrscheinlichkeit liegen.[85]

Es liegt nahe, aus dieser Definition bereits Rückschlüsse auf die Rolle der Gefahrenerkennbarkeit auf die polizeirechtliche Verhaltenszurechnung bei Zugrundelegung der Adäquanztheorie zu ziehen. Indes erweist sich dies als verfrüht. Zunächst ist nämlich zu fragen, zu welchem Zeitpunkt und von wel-

---

74 *PrOVGE* 82, 351, (359).

75 *PrOVGE* 83, 255, (262).

76 *Klaudat,* Polizeipflicht und Kausalität, S. 6. Umfangreiche Nachw. bei *Bergmann,* Der Begriff des Störers, S. 139 mit Fußn. 1 bis 5 und bei *Beckhoff,* Das Kausalitätsproblem im Polizeirecht, S. 32 mit Fußn. 86, (der fälschlicherweise auch *Schultzenstein* als Vertreter der Adäquanztheorie ausweist); *Scheer / Trubel,* Preussisches Polizeiverwaltungsgesetz, § 19, Erl. C I 2; *Scupin,* Polizeirecht in: HdBkommWPr[1], S. 641 mit Fußn. 2 behauptet noch, die Adäquanztheorie gelte im Polizeirecht „heute unbestritten“. Einen adäquaten Kausalzusammenhang *neben* dem Verschuldenserfordernis postuliert *Sonnen,* Schuld und Haftung im Polizeirecht, S. 38 ff.

77 *v. Kries,* Vierteljahresschrift für wissenschaftliche Philosophie 12 (1888), 179 ff.

78 *Rümelin,* AcP 90 (1900), 171 ff.

79 *Traeger,* Der Kausalbegriff im Straf- und Zivilrecht.

80 Nachweise bei MK-*Grunsky,* vor § 249, Rdn. 42 mit Fußn. 138.

81 Staudinger-*Medicus,* § 249, Rdn. 43.

82 Statt aller *Jescheck,* Strafrecht AT, S. 224 ff.

83 *Vieth,* Rechtsgrundlagen, S. 56.

84 Zit. nach *Beye,* Zur Dogmatik polizeirechtlicher Verantwortlichkeit, S. 56 mit Fußn. 131.

85 *RGZ* 152, 397, (401); 155, 37, (41); 168, 86, (88); 169, 84, (91).

chem Standpunkt aus die Beurteilung der Adäquität zwischen einem Erfolg und einer Ursache erfolgen soll. Hier werden, insbesondere von den eingangs genannten Autoren, durchaus unterschiedliche Antworten gegeben. Nach *v. Kries* ist auf die dem Urheber zum Zeitpunkt des Handelns bekannten oder erkennbaren Umstände abzuheben (sog. vorausschauend-individuelle Betrachtung).[86] Demgegenüber will *Rümelin* bei der Feststellung der generellen Adäquität nicht nur alle zum Zeitpunkt des Setzens des Kausalbeitrages in irgend einer Weise bekannten Umstände zugrunde legen, sondern darüber hinaus auch „die durch den nachträglichen Verlauf aufgedeckten, aber zur Zeit der Handlung schon vorliegenden Umstände, sowie das gesamte Erfahrungswissen der Menschheit" (sog. rückschauend-objektive Beurteilung).[87] Freilich sieht sich auch *Rümelin* zu Billigkeitsmodifikationen veranlaßt, so etwa in Fällen, in denen der Verletzte durch einen an sich haftungsbegründenden Vorgang in einen räumlichen und zeitlichen Zusammenhang zu einem zweiten Ereignis gerät (Beispiel: Der Unfallverletzte wird mit einem Krankenwagen transportiert, der infolge des Zusammenbruchs einer morschen Brücke in den Fluß stürzt und versinkt).[88] Von solchen außer aller Berechnung liegenden und dem Haftpflichtigen nicht bekannten oder erkennbaren Bedingungen will *Rümelin* selbst dann abstrahieren, wenn diese Bedingungen zum Zeitpunkt des ersten Vorganges bereits (objektiv) vorlagen.[89] Nach *Traeger* sind zur Bildung des nach der Adäquanztheorie erforderlichen Möglichkeitsurteils alle zur Zeit der Begehung der Handlung (oder zur Zeit des Eintrittes eines sonstigen Ereignisses) vorhandenen Bedingungen, die „dem einsichtigsten Menschen" erkennbar waren, ferner ein eventuelles Sonderwissen des Handelnden zugrunde zu legen.[90] Dadurch werden nicht nur die weder ex ante noch ex post unerkennbaren Bedingungen – „wenn auch nur bei dem heutigen Stande unseres Wissens und mit unseren heutigen Hülfsmitteln unerkennbar" – ausgeschieden[91], sondern ebenso die zwar ex post, nicht aber ex ante erkennbaren Bedingungen. Maßgebend für die Frage der Erkennbarkeit der Bedingungen ist also der Zeitpunkt der Begehung der Handlung.[92]

---

[86] *v. Kries,* Vierteljahresschrift für wissenschaftliche Philosophie 12 (1888), 179, (228 ff.); *Vieth,* Rechtsgrundlagen, S. 57; im Ergebnis ebenso *Beye,* Zur Dogmatik polizeirechtlicher Verantwortlichkeit, S. 96 ff.

[87] *Rümelin,* AcP 90 (1900), 171, (189).

[88] Beispiel nach *Rümelin,* AcP 90 (1900), 171, (299).

[89] *Rümelin,* AcP 90 (1900), 171, (300); aus polizeirechtlicher Sicht krit. insoweit *Vieth,* Rechtsgrundlagen, S. 57 f. mit Fußn. 111, dessen Interpretation, die Modifikation *Rümelins* laufe darauf hinaus, „bei der Zurechnung solche Bedingungen außer Acht zu lassen, die dem Pflichtigen nicht bekannt oder nicht erkennbar waren", angesichts der doch recht speziellen Fallkonstellationen, die *Rümelin* im Auge hatte, nicht recht einleuchtend ist. Die zweite Modifikation *Rümelins* (S. 301) betrifft innere Vorgänge anderer Menschen zum Zeitpunkt der Tat. Hinsichtlich dieser soll der Maßstab der objektiv-nachträglichen Prognose grundsätzlich nicht angelegt werden.

[90] *Traeger,* Der Kausalbegriff, S. 159.

[91] *Traeger,* Der Kausalbegriff, S. 128.

In seiner Grundsatzentscheidung vom 23. 10. 1951 hat sich der *BGH* der Auffassung *Traegers* angeschlossen und dessen Kernsatz: „Eine sich als conditio s.q.n. eines bestimmten Erfolges erweisende Handlung oder sonstige Begebenheit ist dann adäquate Bedingung eines Erfolges, wenn sie generell begünstigender Umstand eines Erfolges von der Art des eingetretenen ist, d.h. wenn sie die objektive Möglichkeit eines Erfolges von der Art des eingetretenen generell in nicht unerheblicher Weise erhöht"[93] mit nur sprachlichen Abwandlungen übernommen.[94] Bei der dahin zielenden Würdigung sind alle zur Zeit des Eintritts der Begebenheit dem optimalen Beobachter erkennbaren Umstände und die dem Urheber der Bedingung noch darüber hinaus bekannten Umstände zu berücksichtigen. Der so festgestellte Sachverhalt soll mit dem gesamten zur Zeit der Beurteilung zur Verfügung stehenden menschlichen Erfahrungswissen darauf geprüft werden, ob er das schädigende Ereignis in erheblicher Weise begünstigt hat.[95]

2. Die Adäquanztheorie im Polizeirecht

Soweit sich das polizeirechtliche Schrifttum für die Geltung der Adäquanzlehre entschieden hat[96], folgt es vielfach der von *Traeger* entwickelten Formel.[97] Dies wird allerdings deswegen kritisiert, weil hierdurch doch wieder eine weitestgehende Berücksichtigung subjektiver Momente erfolge.[98] Neben den Umständen, die dem „einsichtigsten Menschen" erkennbar waren, sollen nämlich bei der Beurteilung der Adäquität auch diejenigen Umstände herangezogen werden, die dem Täter zur Zeit der Begehung bekannt waren.[99] Hieraus den Schluß zu ziehen, daß die Adäquanztheorie in Wahrheit doch auf das – im Polizeirecht unerhebliche – Verschulden zugeschnitten sei[100], erscheint dennoch nicht berechtigt. Die Berücksichtigung des Sonderwissens des Täters

---

92 *Traeger,* Der Kausalbegriff, S. 160 f.

93 *Traeger,* Der Kausalbegriff, S. 159.

94 *BGHZ* 3, 261, (266).

95 *Traeger,* Der Kausalbegriff, S. 159; *BGHZ* 3, 261, (266 f.).

96 Zu den Autoren, die dies ohne weitere Angaben darüber, welche Spielart der Adäquanztheorie sie bevorzugen, getan haben, vgl. die Nachw. bei *Bergmann,* Der Begriff des Störers, S. 139 mit Fußn. 5. Umfangreiche Nachw. auch bei *Moser,* Welche Verursachungstheorie gilt im Rahmen der polizeirechtlichen Handlungshaftung?, S. 140 ff.

97 *Klausener / Kerstiens / Kempner,* Kommentar zum Polizeiverwaltungsgesetz, § 19, Erl. IV 2 a) (S. 156); *Kerstiens,* Das Polizeirecht der Gegenwart, S. 44; *Semle,* Die Frage der Polizeipflichtigkeit, S. 12; wohl auch *Bock,* Kausalität, Schuld und Rechtswidrigkeit im Polizeirecht, S. 35.

98 *Bergmann,* Der Begriff des Störers, S. 146 ff.; *Gantner,* Verursachung, S. 77 mit Fußn. 1.

99 *Traeger,* Der Kausalbegriff, S. 161.

100 *Bergmann,* Der Begriff des Störers, S. 147; *Gantner,* Verursachung, S. 77 mit Fußn. 1.

ist von *Traeger* als zusätzliches Zurechnungselement in die Adäquanzlehre eingebaut worden, um auch in Fällen, die äußerst selten, immerhin aber denkbar sind, zu einer Haftungszurechnung zu kommen.[101] Aus dieser (ausnahmsweisen) Erweiterung der Zurechnung auf Fälle (eigentlich) inadäquater Verursachung den Schluß zu ziehen, hierdurch sei das Verschuldensprinzip quasi durch die Hintertüre wieder eingeführt, heißt, zu insinuieren, durch eine derartige Berücksichtigung (auch) subjektiver Elemente trete eine für das Polizeirecht nicht hinnehmbare Einengung der Möglichkeit polizeirechtlicher Inanspruchnahme ein. Damit wird aber das von *Traeger* Gemeinte in sein genaues Gegenteil gewendet. Diese Argumentation ist mithin nicht geeignet, die Unanwendbarkeit der Adäquanzlehre im Polizeirecht zu begründen.

3. Einwände gegen die Adäquanztheorie im Polizeirecht

Dennoch wird die Übernahme der Adäquanztheorie zur Bestimmung des Verhaltensverantwortlichen im Polizeirecht heute von der ganz überwiegenden Meinung abgelehnt.[102] Die Gründe, die hierfür vorgetragen werden, heben im wesentlichen einerseits auf Fallkonstellationen ab, in denen die Anwendung der Adäquanztheorie zu einer unvertretbaren Haftungsausweitung führen würde, andererseits aber auf andere Fallgruppen, in denen sie sich ihren Kritikern nach als zu eng erweist.

a) Unvertretbare Ausweitung des Kreises der Verantwortlichen

aa) Die Kritik

Der erste Kritikpunkt setzt daran an, daß die Adäquanztheorie geeignet ist, zu einem zu weiten Störerbegriff zu führen, indem sie nicht den Gesichtspunkt der Gefahrengrenze berücksichtige und in den Störerbegriff auch ein Verhalten einbeziehe, das durchaus zulässig ist und als solches weder eine Gefährdung noch eine Störung der öffentlichen Sicherheit und Ordnung darstellt.[103] Insbesondere führe die Adäquanztheorie auch in solchen Fällen zu einer Verantwortlichkeit, in denen der einzelne ein von der Rechtsordnung eingeräumtes Recht ausübt: Wer ein Räumungsurteil erwirkt und vollstrecken läßt, setzt in Zeiten von Wohnraumknappheit eine adäquate Ursache für die Obdachlosigkeit des (vormaligen) Mieters, weil die Kündigung generell geeignet ist,

---

[101] *Traeger,* Der Kausalbegriff, S. 161.

[102] Vgl. statt vieler *Drews / Wacke / Vogel / Martens,* Gefahrenabwehr, S. 311 f.; *Rasch,* Allgemeines Polizei- und Ordnungsrecht, § 4 MEPolG, Rdn. 16; *Scholler / Broß,* Polizei- und Ordnungsrecht, S. 197; *Kloepfer,* UTR 1, S. 24. Grundlegend *Wacke,* DÖV 1960, 93, (94).

[103] *Beckhoff,* Das Kausalitätsproblem im Polizeirecht, S. 37.

die Obdachlosigkeit herbeizuführen.[104] Trotzdem wäre es befremdlich, ihn als Störer anzusehen, da er nicht nur eine von der Rechtsordnung vorgesehene Möglichkeit der Rechtsausübung wahrgenommen hat[105], sondern ihm die Rechtsordnung diese Rechtsausübung gerade um des Erfolges der Wohnungsräumung willen gestattet.[106] Weiter wird der Adäquanztheorie vorgeworfen, keine brauchbare Antwort in den Fällen bereit zu haben, in denen ein Verhalten erst durch das Dazwischentreten eines oder mehrerer Dritter, die ihrerseits die Gefahrengrenze überschreiten, zu einer Gefährdung oder Störung führt.[107] Überrascht die Ehefrau ihren Ehemann mit der Hausangestellten und verläßt daraufhin mit den Kindern die gemeinsame Wohnung mit der Folge ihrer Obdachlosigkeit, so ist das Verhalten des Ehemannes für die eingetretene Störung zwar adäquat kausal, gleichwohl wird es für unangemessen gehalten, ihm diese wesentlich auf dem eigenen Entschluß der Ehefrau beruhende Störung zuzurechnen.[108]

bb) Konsequenzen

Diese Vorwürfe wiegen schwer und lassen im Ergebnis das Adäquanzerfordernis als alleiniges Zurechnungselement als ungeeignet erscheinen. Für viele Verhalten ist ohne weiteres erkennbar, daß sie zwar generell geeignet sind, einen bestimmten polizeiwidrigen Erfolg zu verursachen, daß es aber dennoch nicht gerechtfertigt sein kann, deshalb schon eine polizeirechtliche Verantwortlichkeit für sie anzunehmen[109], weil sonst der Bereich der Verantwortlichkeit des einzelnen überspannt würde.[110] Wer – um ein weiteres Beispiel zu geben – an einen langsame Autos gewohnten Führerscheininhaber einen Sportwagen verkauft, mit dem dieser, weil er die Handhabung schneller Autos nicht gewohnt ist, verunglückt und ein Verkehrshindernis bildet, ist auch dann nicht als Verhaltensverantwortlicher zur Störungsbeseitigung heranzuziehen, wenn der Verkauf eines solchen Wagens an einen Ungeübten generell geeignet war, einen solchen Unfall herbeizuführen.[111]

Ist somit festgestellt, daß Adäquanz als alleiniges Zurechnungskriterium dazu führen würde, daß niemand auch bei vorsichtigster Betätigung davor sicher wäre, polizeirechtlich in Anspruch genommen zu werden, und ihm alle

---

[104] *Gantner,* Verursachung, S. 77.

[105] *Drews / Wacke / Vogel / Martens,* Gefahrenabwehr, S. 312.

[106] *Kirchhof,* JuS 1975, 237, (240).

[107] *Beckhoff,* Das Kausalitätsproblem im Polizeirecht, S. 37.

[108] *Drews / Wacke / Vogel / Martens,* Gefahrenabwehr, S. 312.

[109] *Gantner,* Verursachung, S. 78.

[110] *Drews / Wacke / Vogel / Martens,* Gefahrenabwehr, S. 312; *Kloepfer,* UTR 1, S. 24.

[111] *Beckhoff,* Das Kausalitätsproblem im Polizeirecht, S. 36 f.; *Gantner,* Verursachung, S. 78.

sich aus seinem Verhalten sofort oder später ergebenden, adäquat verursachten Gefahren ad infinitum zugerechnet werden könnten[112], daß mithin Adäquanz alleine kein taugliches Abgrenzungskriterium zur Feststellung der polizeirechtlichen Verhaltensverantwortlichkeit ist, so bleibt von dieser Feststellung doch der Wert des Adäquanzerfordernisses als die polizeiliche Verursacherhaftung eingrenzenden Kriteriums unberührt. In diesem Zusammenhang ist nochmals an die Funktion des Adäquanzerfordernisses zu erinnern, die ihm von einer Reihe von Befürwortern der Anwendung dieser Lehre im Polizeirecht beigemessen wurde. Es sollte dazu dienen, Härten oder außergewöhnliche Belastungen des einzelnen zu verhindern[113] bzw. verhindern, daß jemand durch außergewöhnliche oder zufällige Wirkungen seines Verhaltens polizeipflichtig wird.[114] Dementsprechend wurde die Adäquanztheorie von einigen Autoren in Verbindung mit anderen Zurechnungslehren vertreten, um zu verdeutlichen, daß das Merkmal der Adäquanz als zusätzliches Kriterium zur Begrenzung der polizeirechtlichen Verantwortlichkeit zu verwenden sei.[115]

Vorbehaltlich der Untersuchung der weiteren Einwände gegen die Adäquanztheorie kann daher als These festgehalten werden, daß die Adäquität der Verursachung notwendige, für sich alleine aber noch nicht hinreichende Bedingung der polizeirechtlichen Zurechnung ist.

b) Unvertretbare Einengung der Verhaltensverantwortlichkeit

aa) Die Kritik

Entscheidender als die eben erörterten Bedenken[116] ist indes der Einwand, bei Zugrundelegung der Adäquanzlehre würde der Umfang der polizeirechtlichen Verhaltensverantwortlichkeit in unvertretbarer Weise eingeschränkt. Dieser Einwand fußt im wesentlichen auf zwei Begründungen.

In seinem grundlegenden Angriff gegen die Adäquanztheorie hebt *Wacke* darauf ab, daß das Polizeirecht zwingendes öffentliches Recht sei, und es inso-

---

112 *Gantner,* Verursachung, S. 78.

113 *Semle,* Die Frage der Polizeipflichtigkeit, S. 12; *Jaschkowitz,* DJZ 31 (1926), Sp. 893, (894).

114 *Scupin,* HdBkommWPr[1], S. 641.

115 Bereits *Klausener / Kerstiens / Kempner,* Polizeiverwaltungsgesetz, § 19, Erl. zu IV 1 (S. 152) stellen neben der Adäquanz auf die Unmittelbarkeit der Verursachung ab; ebenso *Merk,* Deutsches Verwaltungsrecht II, S. 1072 f. mit Fußn. 39. *Salzwedel;* Entwicklung des Polizeirechts, S. 1232 f. verlangt das Vorliegen eines adäquaten Kausalzusammenhangs, Unmittelbarkeit *und* soziale Inadäquanz des verursachenden Verhaltens. Weitere Nachw. bei *Gantner,* Verursachung, S. 79 f. mit Fußn. 1 bis 3 auf S. 80.

116 *Gantner,* Verursachung, S. 77 weist zutreffend darauf hin, daß man als selbstverständlich unterstellen kann, daß auch die Vertreter der Adäquanzlehre beispielsweise in dem „Obdachlosenfall“ nicht zu einer Zurechnung des Verhaltens des Vermieters kommen würden.

fern fraglich sei, ob die dem bürgerlichen Recht angepaßte Lehre von der adäquaten Verursachung am Platze ist. Der Handelnde müsse von der Polizei oder Ordnungsbehörde häufig auch dann zur Verantwortung und zur Beseitigung eines gefahrvollen Zustandes herangezogen werden, wenn der von ihm herbeigeführte Erfolg normalerweise nicht voraussehbar war.[117] Würde man anderer Meinung sein, so wäre die Polizei gerade den Ausnahmelagen gegenüber, in denen sich ihre Funktion doch besonders bewähren muß, machtlos.[118]

Hiergegen läßt sich indes vorbringen, daß diese Argumentation dazu neigt, die polizeiliche Aufgabe der Gefahrenabwehr und die der Verursacherbestimmung unzulässig miteinander zu verknüpfen.[119] Die postulierte „Effektivität der Gefahrenabwehr" hat mit der Heranziehung des Verursachers zur Störungsbeseitigung a limine nichts zu tun. Die Polizei ist in Ausnahmelagen durchaus nicht „machtlos", sondern berechtigt (und verpflichtet), Maßnahmen zur Gefahrenabwehr zu treffen. Hiervon ist die Frage, wen sie zur Gefahrenabwehr oder Störungsbeseitigung entschädigungslos heranziehen darf bzw. wer die Kosten für die Maßnahmen der Gefahrenabwehr zu tragen hat, durchaus zu trennen.[120] Zwar trifft es zu, daß die Gefahrenbeseitigung durch den Verursacher oder auf seine Kosten in vielen Fällen am effektivsten sein wird und auch dem Gebot der sparsamen und wirtschaftlichen Verwendung der öffentlichen Mittel, das auch im Bereich der Gefahrenabwehr gilt[121], am ehesten entspricht. Das vermag indes nichts an dem Umstand zu ändern, daß Gefahrenabwehr und polizeirechtliche Verhaltensverantwortlichkeit zweierlei sind und auf unterschiedlichen gesetzlichen Grundlagen beruhen.[122] Die polizeirechtliche Zurechnung bedarf der inneren Rechtfertigung und kann nicht nur damit begründet werden, daß die Polizei ansonsten machtlos wäre.[123]

Die andere Argumentationslinie hält die Anwendung der Adäquanztheorie im Polizeirecht deshalb für zu eng, weil sich ihre Fragstellung nach der *generellen* Eignung eines Verhaltens, eine Gefahr herbeizuführen oder eine Gefahr darzustellen, richtet. Dieser generalisierende Ausgangspunkt mache sie zur Ermittlung einer Gefahr in Wirklichkeit nicht geeignet. Es könne nicht darauf

---

[117] *Wacke,* DÖV 1960, 93, (94).

[118] *Wacke,* DÖV 1960, 93, (94); ebenso etwa *Drews / Wacke / Vogel / Martens,* Gefahrenabwehr, S. 312; *Friauf,* in: v. Münch (Hrsg.), Besonderes Verwaltungsrecht, S. 212; *Beckhoff,* Das Kausalitätsproblem im Polizeirecht, S. 44; *Hennes,* Der Verursachungsbegriff, S. 26.

[119] *Vieth,* Rechtsgrundlagen, S. 70 mit Fußn. 163.

[120] *Herrmann,* DÖV 1987, 666, (669 f.) hebt in diesem Zusammenhang einzig auf die Kostentragungspflicht ab.

[121] *OVG Saarland,* DÖV 1984, 471, (472). Diese Entscheidung kann schon deshalb nicht zur Begründung einer Gegenauffassung herangezogen werden, weil in dem zugrundeliegenden Fall die Verursacher (nicht aber die Verursachungsanteile) bereits feststanden.

[122] *Vieth,* Rechtsgrundlagen, S. 70 mit Fußn. 163.

[123] *Gantner,* Verursachung, S. 80 f.

ankommen, ob ein Verhalten allgemein, generell geeignet oder generell ungeeignet ist, einen Schaden herbeizuführen, sondern nur darauf, ob es konkret geeignet ist, einen Schaden herbeizuführen. Ein konkret gefährliches Verhalten müsse auch dann abgewehrt werden können, wenn es generell (bzw. normalerweise) nicht geeignet ist, einen Schaden herbeizuführen.[124] Es erschiene mit dem Zweck des Polizeirechts in der Tat nur schwer vereinbar, wenn der Verursacher einer Störung der polizeirechtlichen Inanspruchnahme entgegenhalten könnte, er könne höchstens als Nichtstörer in Anspruch genommen werden, denn er habe die Störung in einer Weise verursacht, die generell als ungeeignet erscheint, den Erfolg herbeizuführen.[125] Maßgeblicher Anknüpfungspunkt für die polizeirechtliche Inanspruchnahme ist die konkrete Gefahrverursachung, nicht die generelle Eignung eines Verhaltens, Gefahren hervorzurufen. Dabei kann es sich als gerechtfertigt erweisen, die Verantwortlichkeit auch dann zu bejahen, wenn die Gefahrentstehung als Folge eines Verhaltens normalerweise nicht vorhersehbar war. In Teilbereichen ist dies vom Gesetzgeber sogar ausdrücklich vorgesehen. So besteht für den Hersteller eines Arzneimittels auch dann eine öffentlich-rechtliche Rückrufpflicht für den Fall, daß durch das Inverkehrbringen des Arzneimittels Gefahren für die öffentliche Sicherheit und Ordnung erwachsen sind, die bei der dem Stand von Wissenschaft und Technik entsprechenden Produktion des Arzneimittels nicht vorhersehbar waren[126], und die deswegen als inadäquat bezeichnet werden.[127]

bb) Stellungnahme

Mit der vorstehend dargestellten Argumentation erscheint die Unbrauchbarkeit des Adäquanzgedankens als haftungsbegrenzendes Korrektiv im Polizeirecht nachgewiesen, weil durch die Berücksichtigung der Adäquanz an sich inadäquates, ausnahmsweise im Einzelfall aber doch konkret gefährliches Verhalten aus der polizeirechtlichen Zurechnung generell ausscheiden und diese dadurch in nicht zu vertretender Weise eingegrenzt würde. Vollends gelungen ist der Nachweis der Unbrauchbarkeit damit indes noch nicht. Die bisherige Untersuchung dieses Einwandes erfolgte unter Zugrundelegung des (stillschweigenden) Ausgangspunktes derjenigen, die den Einwand erhoben haben, daß Inhalt der Adäquanztheorie die generelle Vorhersehbarkeit einer *bestimmten* Gefahr sei, also Adäquität zwischen einem (bestimmten) Verhalten und einem (bestimmten) Erfolg voraussetzt.[128] Indes bedarf dieser bislang als richtig unterstellte Ausgangspunkt noch der weiteren Untersuchung. Bedenken gegen ihn ergeben sich bereits aus der *Traeger'schen* Formulierung,

---

[124] *Gantner,* Verursachung, S. 76.

[125] *Beckhoff,* Das Kausalitätsproblem im Polizeirecht, S. 44.

[126] Vgl. § 69 AMG.

[127] *Gantner,* Verursachung, S. 82.

[128] Vgl. *Drews / Wacke / Vogel / Martens,* Gefahrenabwehr, S. 312.

das Verhalten sei dann adäquate Ursache eines Erfolges, „wenn es generell begünstigender Umstand eines Erfolges *von der Art des eingetretenen* ist, d.h. wenn sie die objective Möglichkeit eines Erfolges *von der Art des eingetretenen* generell in nicht unerheblicher Weise erhöht".[129]

aaa) Die „Generalisierung des Erfolges"

Damit ist der Gesichtspunkt der Generalisierung des vorhersehbaren Erfolges[130] angesprochen. Was damit gemeint ist, soll anhand des sog. „Spitzhakkenfalles" verdeutlicht werden, den der *BGH* im Jahr 1961 zu entscheiden hatte und dem der folgende Sachverhalt zugrunde lag[131]:

Ein Arbeiter des beklagten Bauunternehmens schlug bei Rohrverlegungsarbeiten mit einer neuen oder frischgeschärften Spitzhacke auf die Pflasterdecke der Fahrbahn unmittelbar neben dem Bordstein ein. Dabei löste sich ein Stahlsplitter von der Hacke und drang einem vorübergehenden Passanten in das Auge. Das Absplittern von Stahlpartikeln von einem Werkzeug war ein vollkommen ungewöhnlicher, in Fachkreisen noch niemals beobachteter Vorgang, und das beklagte Unternehmen machte daher geltend, das Ereignis sei nicht vorhersehbar gewesen. Gleichwohl bejahte der *BGH* die Adäquanz des Kausalverlaufes. Beim Gebrauch einer Spitzhacke müsse allgemein mit dem Wegfliegen von Splittern gerechnet werden. Ereigne sich innerhalb des *Gefahrkreises* – der Splitterwirkung – ein Unfall, so könne nicht von einem Ereignis jenseits aller in Betracht zu ziehenden Möglichkeiten gesprochen werden, und zwar auch dann nicht, wenn die typische Gefahr sich im einzelnen auf eine nach den Naturgesetzen ungewöhnliche Weise verwirkliche. Ob die Splitter von den Steinen oder vom Werkzeug stammten, könne daher so lange keinen Unterschied machen, als ein Unfall sich innerhalb der Zone der gewöhnlichen Splitterwirkung ereigne.[132] In einer weiteren Entscheidung aus dem Jahr 1966 urteilte der *Senat* in einem Fall, in dem ein während Bauarbeiten umstürzender Kamin einen Passanten verletzt hatte, daß der adäquate Kausalzusammenhang nicht deshalb zu verneinen sei, weil der Einsturz des Kamins ein ganz ungewöhnliches, außerhalb aller Wahrscheinlichkeit liegen-

---

[129] *Traeger,* Der Kausalbegriff, S. 159 (Hervorhebungen durch *Verf.*).

[130] Hierzu bereits *v. Kries,* Vierteljahresschrift für wissenschaftliche Philosophie 12 (1888), 179, (212); *Radbruch,* Die Lehre von der adäquaten Verursachung, S. 15 ff.; *Traeger,* Der Kausalbegriff, S. 125 ff.

[131] *BGH,* VersR 1961, 465. Hierzu insbesondere *Weitnauer,* FS K. Oftinger, S. 335 ff. Ähnlich lag der Sachverhalt bei *BGH,* VersR 1978, 961, (962).

[132] *BGH,* VersR 1961, 465, (466) – (Hervorhebung durch *Verfasser*). Zust. *Weitnauer,* FS K. Oftinger, S. 335 ff.; *v. Caemmerer,* DAR 1970, 283, (288); *Huber,* FS H. Heimpel, Bd. III, S. 462 f.; *Stoll,* Kausalzusammenhang und Normzweck im Deliktsrecht, S. 18 f. mit Fußn. 49; Staudinger-*Medicus,* § 249, Rdn. 89; Soergel-*Mertens,* vor § 249, Rdn. 129; ablehnend *Kramer,* JZ 1976, 338, (341 ff.), der einen solchen Kausalverlauf dem allgemeinen Lebensrisiko des Geschädigten zurechnen will.

des Ereignis sei, denn allgemein habe die Gefahr des Herabfallens von Gegenständen bestanden.[133]

Maßgebend war m.a.W. nicht die Adäquanz und damit Erkennbarkeit des konkreten Erfolges, sondern die Erkennbarkeit des mit einem Verhalten generell verbundenen Gefahrenkreises. Ausreichend war m.a.W. die Verwirklichung eines handlungstypischen *Risikos*. Alleine auf dessen Erkennbarkeit wurde abgestellt, nicht dagegen auf die Vorhersehbarkeit der Gefahrverwirklichung im einzelnen. Für die Bejahung der Adäquanz reicht es demnach aus, wenn sich eine aus dem Risikobereich resultierende Gefahr verwirklicht und zwar unabhängig davon, ob der konkrete Erfolg vorhersehbar war oder nicht.[134] Dabei wird in der Literatur als „Faustformel" zugrunde gelegt, daß je gefährlicher ein Verhalten für andere ist und je weniger die Risiken abschließend überblickt werden können, umso eher damit gerechnet werden muß, daß es selbst trotz aller dem Stand der Technik entsprechenden Sicherheitsvorkehrungen Schäden hervorruft, und zwar gerade durch im Einzelfall unwahrscheinliche Geschehensabläufe. Zur Bejahung der Adäquanz von äußerst ungewöhnlichen Schäden genügt angesichts der Unzulänglichkeit aller menschlichen Gefahrensteuerung die – sich einer abschließenden Bewältigung aufgrund sicheren Erfahrungswissens entziehende – abstrakte Bedrohlichkeit des Verhaltens.[135]

Die erhöhte Risikobehaftetheit eines Verhaltens muß zum Zeitpunkt des Verhaltens objektiv erkennbar sein. Demgegenüber erfolgt die Beurteilung der Risikoerkennbarkeit aufgrund des Kenntnisstandes zum Zeitpunkt der Beurteilung.[136] Dies hat vor allem Konsequenzen hinsichtlich des Kenntnisstandes über naturwissenschaftliche Zusammenhänge. Wenn es um die Gewinnung eines objektiven Wahrscheinlichkeitsurteils geht, müssen die naturwissenschaftlichen Zusamenhänge, wie sie sich im tatsächlichen Geschehensablauf ausgedrückt haben, in Rechnung gestellt werden.[137] Die Frage, ob mit einem Verhalten ein von Anfang an erkennbares erhöhtes Risiko verbunden war, ist mithin aufgrund des nomologischen Kenntnisstandes[138] zum Zeitpunkt der Beurteilung zu beantworten.

---

133 *BGH*, VersR 1967, 133, (134 f.).

134 Zust. *Weitnauer*, FS K. Oftinger, S. 335 ff.; Staudinger-*Medicus*, § 249, Rdn. 89.

135 Soergel-*Mertens*, vor § 249, Rdn. 127.

136 *Traeger*, Der Kausalbegriff, S. 162 f.; *BGHZ* 3, 261, (267).

137 *Weitnauer*, FS K. Oftinger, S. 338 f.

138 Vgl. *v. Kries*, Vierteljahresschrift für wissenschaftliche Philosophie 12 (1888), 179, (181); *Traeger*, Der Kausalbegriff, S. 162 f.; *Weitnauer*, FS K. Oftinger, S. 338 f.

bbb) Konsequenzen für die Anwendbarkeit der Adäquanztheorie im Polizeirecht

Mit diesem Inhalt läßt sich das Adäquanzkriterium als einschränkende Bedingung der polizeirechtlichen Inanspruchnahme durchaus übernehmen. Es kommt einerseits dem Postulat der prinzipiellen Erkennbarkeit der Verhaltenspflichten, die die Rechtsordnung an den Bürger stellt, nach, ohne andererseits den Umfang der polizeirechtlichen Verhaltensverantwortlichkeit über Gebühr einzuschränken. Denn in dieser Form ist der Einwand, bei Zugrundelegung der Adäquanzlehre könnten durch nicht generell, aber im Einzelfall gefährliche Verhaltensweisen verursachte Gefahren nicht mehr abgewehrt bzw. die Verursacher nicht mehr in Anspruch genommen werden, weitestgehend ausgeräumt. Derartige Verhalten sind jedenfalls insoweit zurechenbar, als sich ein in ihnen erkennbar angelegtes Risiko verwirklicht hat, mag die konkrete Gefahr auch unvorhersehbar gewesen sein. Zuzugeben bleibt allerdings, daß es Konstellationen geben mag, in denen ein Verhalten eine Gefahr verursacht, die weder selbst vorhersehbar ist noch der dem Verhalten erkennbar zugeordneten Risikosphäre unterfällt. In diesen Fällen wäre eine polizeirechtliche Inanspruchnahme als Verhaltensverantwortlicher ausgeschlossen, weil es insoweit an einem innerlich gerechtfertigten Zurechnungsgrund fehlt.[139] Dadurch würde die Polizei indes nicht gehindert, Maßnahmen zur Gefahrenabwehr zu treffen.[140]

Die Berücksichtigung des Adäquanzerfordernisses in der vorgeschlagenen Fassung gleicht im Ergebnis dem Postulat der Vertreter der Lehre von der Zurechnung nach Pflichtwidrigkeit und Risikosphäre, die ebenfalls die Erkennbarkeit des erhöhten Risikopotentials eines Verhaltens, nicht aber die Erkennbarkeit der konkreten Gefahrverursachung fordern.[141]

Auch nach dieser Auffassung geht es bei der polizeirechtlichen Inanspruchnahme nicht darum, daß nur die Verursachung solcher (konkreter) Gefahren zugerechnet wird, die mit einem risikobehafteten Verhalten typischerweise in dem Sinne verbunden sind, daß die Möglichkeit ihres Entstehens im Zeitpunkt des Verhaltens erkennbar gewesen sein muß[142], sondern, daß die Verursachung solcher Gefahren zugerechnet wird, die aus Handlungen entstehen, die erkennbar mit einem erhöhten Risikopotential verbunden sind, ohne daß

---

[139] Vgl. *Gantner,* Verursachung, S. 80 f.

[140] *Herrmann,* DÖV 1987, 666, (669 f.).

[141] *Kloepfer,* UTR 1, S. 30; *ders.,* NuR 1987, 7, (11); *ders.,* Rechtsprobleme der Altlastensanierung, S. 66 ff.; *Hermann,* Flächensanierung, S. 124; *ders.,* DÖV 1987, 666, (673 f.); *Koch,* Bodensanierung, S. 18; *ders.,* Kostentragung, S. 53 ff.; *Niemuth,* DÖV 1988, 291, (295).

[142] Mißverständlich *Herrmann,* DÖV 1987, 666, (674), der meint, die *Folgen* risikobehafteter Tätigkeit dürften nicht außerhalb jeder Erkennbarkeit liegen (Hervorhebung durch *Verf.*), aber wohl Risikoerkennbarkeit meint.

es auf die Erkennbarkeit der Gefahr selbst ankommt. Die durch eine Handlung ausgelösten weiteren Folgen sollen dabei aber nur dann zugerechnet werden, wenn nicht mehr eine eher nur zufällige kausale Verkettung vorliegt, sondern der Erfolg sich als Realisierung der der Handlung innewohnenden Wirkungstendenz erweist, wenn es sich m.a.W. um eine handlungstypische Gefahr handelt.[143] Bei der sonach notwendigen Bewertung der Wirkungsmomente soll auf die rechtlichen und tatsächlichen Gegebenheiten in dem Zeitpunkt abgestellt werden, in dem die Notwendigkeit des polizeilichen Eingriffs erkennbar geworden ist[144], d.h. die Frage, ob sich eine Gefahr als typische Folge eines erkennbar risikobehafteten Verhaltens darstellt, soll in einer expost Beurteilung beantwortet werden.[145]

Die hier postulierte Heranziehung des Adäquanzkriteriums bei der Bestimmung des polizeirechtlich Verhaltensverantwortlichen und die Theorie von der Zurechnung nach Pflichtwidrigkeit und Risikosphäre stehen im übrigen ebensowenig in Konkurrenz, wie das Adäquanzerfordernis mit der Unmittelbarkeitslehre. Während es Ziel dieser Lehren ist, die polizeirechtliche Inanspruchnahme zu begründen, dient das Adäquanzerfordernis in der hier vorgeschlagenen Form ausschließlich der Haftungs*begrenzung*. Mit diesem Inhalt kann es – wie gesehen – an eine verhältnismäßig weit zurückreichende Tradition im Polizeirecht anknüpfen.

Die sonach notwendige Bestimmung des vorhersehbaren erhöhten Risikopotentials eines Verhaltens kann freilich nicht anhand exakter Kriterien geschehen, sondern ist in hohem Maße abhängig von Wertungen.[146] Die dieser Wertung zugrundelegenden Parameter sind keineswegs feststehend. *Weitnauer,* der den entschiedensten Versuch unternommen hat, die Adäquanztheorie vor Angriffen in Schutz zu nehmen, die aus der Zivilrechtslehre gegen sie vorgetragen worden sind[147], räumt selbst ein, daß es für die Beantwortung der Frage, nach welchen Gesichtspunkten die Generalisierung vorgenommen werden soll, keine logischen Kategorien gibt. Vielmehr könne die Abgrenzung ausschließlich nach Gesichtspunkten der praktischen Vernunft und des gesunden Menschenverstandes geschehen.[148]

---

[143] *Kloepfer,* Rechtsprobleme der Altlastsanierung, S. 67; *Vollmuth,* VerwArch 68 (1977), 45, (55).

[144] *Vollmuth,* VerwArch 68 (1977), 45, (55f.). Dies verkennt *Selmer,* Gedächtnisschrift W. Martens, S. 494 in Fußn. 46, wenn er *Vollmuth* als (heimlichen) Anhänger des Vorhersehbarkeitsmerkmals (bezogen auf die konkrete Gefahr) zitiert.

[145] *Kloepfer,* Rechtsprobleme der Altlastsanierung, S. 67.

[146] *Weitnauer,* FS K. Oftinger, S. 336 f.; *Larenz,* Schuldrecht I, § 27 III, (S. 405); MK-*Grunsky,* vor § 249, Rdn. 42.

[147] Programmatisch insoweit schon der Titel seines Aufsatzes: „Zur Lehre vom adäquaten Kausalzusammenhang – Versuch einer Ehrenrettung" in: FS K. Oftinger, S. 321.

[148] *Weitnauer,* FS K. Oftinger, S. 336 f.

ccc) Generalisierung des Erfolges als Wertungsproblem

Dies hat der Adäquanzlehre neben der im privatrechtlichen Bereich geäußerten Kritik auch von Seiten der Polizeirechtslehre, genauer von Vertretern der Unmittelbarkeitslehre, Kritik eingetragen. So wird ihr vorgeworfen, daß ihr ein zu hohes Maß an Unbestimmtheit eigne, so daß sich bei Zugrundelegung der Adäquanztheorie die Frage, wer in concreto als Störer hoheitlich in Anspruch genommen werden darf, schwerlich vorausschaubar und berechenbar und damit in rechtsstaatlich einwandfreier Weise beantworten lasse.[149] Freilich müssen sich die Kritiker aus dem Kreis der Vertreter der Unmittelbarkeitslehre die Frage entgegenhalten lassen, ob diese Kritik nicht auf die von ihnen vertretene Theorie zurückfällt, wenn einer ihrer Verfechter freimütig einräumt, die Bestimmung und Offenlegung der nach der Unmittelbarkeitslehre im einzelnen maßgeblichen Rechtswidrigkeits- und Risikokriterien gehöre zu den schwierigsten, bisher nur äußerst unvollständig gelösten Aufgaben des heutigen Polizeirechts, dessen traditionelle – teilweise eher intuitiv gefundenen – Kriterien der differenzierten Problemlage in einer hochtechnisierten Umwelt nicht immer mehr gerecht würden.[150]

Indes bleibt richtig, daß die Adäquanz im hier verstandenen Sinne darunter leidet, daß sich „die Unbestimmtheit der Abgrenzung zwischen adäquater und zufälliger Verursachung allemal dann geltend (macht), wenn die Art der Generalisierung für das Ergebnis von entscheidender Bedeutung wird".[151] Entsprechend wird auch den Vertretern der Theorie von der Zurechnung nach Pflichtwidrigkeit und Risikosphären, die, wie gesehen, mit dem Postulat der Risikoerkennbarkeit zum gleichen Ergebnis kommen, wie die hier vertretene Berücksichtigung des Adäquanzerfordernisses, von *Selmer* entgegengehalten, daß es in seiner Weite und Unbestimmtheit der hinreichenden Determinationskraft entbehre[152] bzw. zu einer weitgehend diffusen Schadenszurechnung führe.[153] Der Einwand verliert indes an Schärfe, wenn berücksichtigt wird, daß die Adäquanz in dem hier verstandenen Sinne als haftungsbegrenzendes, nicht aber als haftungsbegründendes Element in die polizeirechtliche Zurechnungsdogmatik integriert werden soll. Das Adäquanzerfordernis ist m.a.W. ein *zusätzliches* Erfordernis, das unabhängig davon vorliegen muß, welche anderen Kriterien zur Bestimmung des polizeirechtlich Verhaltensverantwortlichen herangezogen werden.[154]

---

149 *Drews / Wacke / Vogel / Martens,* Gefahrenabwehr, S. 312.

150 *Friauf,* in: v. Münch (Hrsg.), Besonderes Verwaltungsrecht, S. 213.

151 So bereits *v. Kries,* Vierteljahresschrift für wissenschaftliche Philosophie 12 (1888), 179, (219); *Weitnauer,* FS K. Oftinger, S. 336.

152 *Selmer,* Gedächtnisschrift W. Martens, S. 496.

153 *Selmer,* Gedächtnisschrift W. Martens, S. 494 mit Fußn. 46.

154 Der Vorwurf von *Selmer,* Gedächtnisschrift W. Martens, S. 494 mit Fußn. 46 insbesondere gegen *Gantner* und *Koch* richtet sich in erster Linie dagegen, daß bei

Je weniger der Erfolg verallgemeinert wird, umso niedriger ist der Möglichkeitsgrad einer Bedingung hinsichtlich des Erfolges, je mehr der Erfolg verallgemeinert wird, umso mehr wird die Möglichkeit eines solchen verallgemeinerten Erfolges erhöht.[155] Die Generalisierung des Erfolges sieht sich von dieser Feststellung her mit zwei entgegengesetzten Schwierigkeiten konfrontiert. Es geht einerseits gerade nicht darum, ein aus heutiger, geläuterter Sicht gefährliches Verhalten retrospektiv mit dem Prädikat einer bereits damals erkennbaren Risikogeneigtheit zu versehen. Auf der anderen Seite gilt es aber der von *Traeger* postulierten Gefahr zu begegnen, der farblose Ausdruck „adäquate Verursachung" solle zu einem „asylum ignorantiae" werden, indem man vielfach dort, wo man die Ablehnung der Haftung für einen durch eine Handlung verursachten Erfolg nicht anders zu begründen weiß, ohne weiteres den Kausalzusammenhang als inadäquat bezeichnet.[156]

Zwischen diesen beiden Polen ist das Problem der Generalisierung des Erfolges angesiedelt. Allgemeingültige rechtliche Kriterien zur weiteren Präzisierung des Generalisierungsmaßstabes zu finden, dürfte sich angesichts der Unüberschaubarkeit der Einzelfälle als unmöglich erweisen. Der Generalisierungsmaßstab wird sich nur anhand von Wertungen im Einzelfall aufstellen lassen. Betrachtet man aber die polizeirechtliche Zurechnung als Abgrenzung der Risikosphären im Verhältnis zwischen Allgemeinwohl und Individualinteresse[157], so wird deutlich, daß die Schwierigkeit der Festlegung von Wertungskriterien weniger eine Frage der Generalisierung des adäquaten Erfolges bei der Postulierung der Adäquanz als haftungsbegrenzendes Korrektiv bei der polizeirechtlichen Störerbestimmung als vielmehr ein generelles Problem der polizeirechtlichen Zurechnung ist. Auch ohne eine genaue Festlegung der der Generalisierung des Erfolges zugrundezulegenden Kriterien wird es im übrigen in der Regel möglich sein, zu schlüssigen, rational begründbaren und im Ergebnis befriedigenden Lösungen zu kommen.[158]

---

diesen Autoren die „Erkennbarkeit des Risikos" die herkömmlichen Verursachungsbegrenzungstopoi nicht für bestimmte Konstellationen ergänzen oder präzisieren, sondern ersetzen soll.

[155] *Traeger,* Der Kausalbegriff, S. 125.

[156] *Traeger,* Der Kausalbegriff, S. 162.

[157] *Erichsen,* VVDStRL 35 (1976), 171, (205 mit Fußn. 209); zust. *Ossenbühl,* Diskussionsbeitrag, VVDStRL 35 (1977), 345, (346); *Selmer,* Diskussionsbeitrag, VVDStRL 35 (1976), 347, (348); *Friauf,* Diskussionsbeitrag, VVDStRL 35 (1977), 350.

[158] *Weitnauer,* FS K. Oftinger, S. 337, sieht darin, daß durch die Art der Generalisierung wertende Gesichtspunkte in das Urteil über die Adäquität eingebracht werden können, sogar einen Vorzug der Flexibilität innerhalb der rechtlichen Beurteilung, welcher die der Natur der Sache angemessene Wertung erlaubt.

c) Zur „Determinationskraft" der Adäquanz als Einschränkungskriterium polizeirechtlicher Verhaltensverantwortlichkeit

Der Vorwurf der mangelnden Determinationskraft[159] könnte sich allerdings auch darauf beziehen, daß das erhöhte Risikopotential eines Verhaltens in den meisten Fällen der Verursachung einer unerkennbaren speziellen Gefahr erkennbar gewesen sein dürfte, so daß die Einschränkung faktisch leerläuft. Damit knüpft diese Kritik an die Einwände an, die der Adäquanztheorie im Zivilrecht entgegengehalten werden. Diese gehen etwa dahin, daß die Fälle, in denen die Rechtsprechung die Adäquanz des Kausalzusammenhanges verneint hat, außerordentlich selten sind[160], so daß der Wert der haftungsbegrenzenden Funktion der Adäquanzlehre bezweifelt wird.[161] Für die Determinationskraft eines haftungsbegrenzenden Kriteriums kommt es indes weniger auf die Zahl der Fälle an, für die es Anwendung findet, als vielmehr auf die Frage, ob Gerechtigkeitsgründe (nicht Kostengründe) die Heranziehung des Restriktionsmerkmales gebieten. Gerade wegen der Unbestimmtheit der Wertungen bei der Beurteilung der Adäquanz eines Kausalzusammenhanges muß das gefundene Ergebnis auch im Lichte allgemeiner Gerechtigkeitserwägungen bestehen können. Es ist in diesem Zusammenhang allerdings auch zu bedenken, daß es letztlich vielfach um eine Frage der Risikoverteilung zwischen dem Verursacher (im äquivalent-kausalen Sinne) und der Allgemeinheit geht.[162]

Gerade in den Altlastenfällen, anhand derer die Untersuchung ihren Ausgang nahm, könnte sich erweisen, daß man die Erkennbarkeit eines erhöhten Risikopotentials der Deponierung von Abfällen regelmäßig zu bejahen haben wird: Die Deponierung ist regelmäßig die typische Konsequenz aus der Erkenntnis, daß von abgelagerten Abfällen Gefahren ausgehen können.[163] Ebenso wird man davon auszugehen haben, daß industrielle Produktion typischerweise das Risiko von Umweltgefahren in sich birgt. Es soll daher anhand der Altlastenfälle exemplarisch untersucht werden, ob es Gerechtigkeitserwägungen gibt, die die polizeirechtliche Zurechnung auch unter Berücksichtigung des hier verwendeten Adäquanzgedankens rechtfertigen.

---

[159] *Selmer*, Gedächtnisschrift W. Martens, S. 496.

[160] *v. Caemmerer*, in: Gesammelte Schriften I, S. 395, (402) bemerkt, daß von den in die amtliche Sammlung aufgenommenen Entscheidungen des RG unter rund 50, die sich mit der Frage des adäquaten Kausalzusammenhanges befassen, nur 4 sind, die ihn verneinen.

[161] Vgl. etwa auch die Fallbeispiele bei MK-*Grunsky*, vor § 249, Rdn. 41 b und c.

[162] So kritisiert *Kramer*, JZ 1976, 338, (341) das „Spitzhackenurteil" des *BGH* mit dem Argument, ein derartiger Kausalverlauf unterfalle dem „allgemeinen Lebensrisiko" des Betroffenen.

[163] *Kloepfer*, UTR 1, S. 30; *ders.*, NuR 1987, 7, (11). Zu bereits früher bekannten Erkenntnissen über umweltschädliche Eigenschaften bestimmter Stoffe oder Produktionsweisen *Schacht*, Diskussionsbeitrag, UTR 1, S. 103 f.; *Koch*, Bodensanierung, S. 3 f.

4. Adäquanz und Altlastenproblematik

a) Fragestellung

Für den Hauptfall[164] der Verursachung unerkennbarer Gefahren, das – aus heutiger Sicht nicht gefahrvermeidende – Ablagern schädlicher Abfälle oder Produktionsrückstände oder das Betreiben von Anlagen zu der Zeit eines weniger entwickelten naturwissenschaftlich-technischen Erkenntnisstandes ergibt sich – wie gesehen – regelmäßig keine andere Beurteilung der polizeirechtlichen Verhaltensverantwortlichkeit als bei einem Verzicht auf die Voraussetzung eines erkennbaren erhöhten Risikopotentials. Gerade die Altlastenfälle waren es aber gewesen, die die Diskussion um eine Restriktion des polizeirechtlichen Verursachungstatbestandes in den Vordergrund rücken ließen. Daß bei ihnen die mangelnde Erkennbarkeit der Gefahrverursachung im Ergebnis die Inanspruchnahme unter dem Gesichtspunkt der polizeirechtlichen Verhaltensverantwortlichkeit nach der hier vertretenen Auffassung nicht zu hindern vermag, bedarf vor diesem Hintergrund noch zusätzlich legitimierender Erwägungen. Damit ist die Frage angesprochen, ob mit dem Merkmal der Adäquanz in Form von Risikoerkennbarkeit ein Kriterium gefunden ist, das neben der Schlüssigkeit der dogmatischen Einpassung in die Systematik der polizeirechtlichen Verhaltensverantwortlichkeit[165] auch zu einer im Lichte einer gerechtigkeitsorientierten Betrachtungsweise überzeugenden Abgrenzung zwischen der Belastung des Einzelnen und der der Allgemeinheit führt.[166]

b) Zur Risikoverteilung in den Altlastenfällen

Mag die zunehmende Verwandlung der polizeirechtlichen Verhaltensverantwortlichkeit in eine Kostentragungspflicht mit u. U. immenser finanzieller Belastung auch der Anlaß sein, eine Restriktion der Verursachungszurechnung vorzunehmen, so kann auf der anderen Seite dieser – beachtliche – Aspekt nicht isoliert betrachtet werden. Es ist daneben auch zu berücksichtigen, daß der Verursacher einer unerkennbaren Gefahr sehenden Auges eine

---

[164] Aber nicht den einzigen Fall, vgl. *OVG Hamburg,* DÖV 1983, 1016, (1018), der – im Falle, daß er nach der polizeilichen Generalklausel zu beurteilen gewesen wäre – allerdings nach der hier vertretenen Auffassung wohl ebenfalls hätte anders entschieden werden müssen, wenn man unterstellt, daß die besondere Risikogeneigtheit von Öllagerungen in Gewässernähe damals bereits erkennbar war. Zweifel könnten sich angesichts der konkreten Fallgestaltung höchstens an der Voraussetzung ergeben, daß sich die Gefahr ex post als eine typische Folge der risikobehafteten Tätigkeit erweist. Grundsätzlich anders *Selmer,* Gedächtnisschrift W. Martens, S. 495 f.

[165] Zu diesem Erfordernis auch *Erichsen,* VVDStRL 35 (1977), 171, (204 f.).

[166] Als in diese Richtung gehend wird auch das Postulat *Selmers,* Gedächtnisschrift W. Martens, S. 496, das Restriktionsmerkmal müsse eine hinreichende Determinationskraft aufweisen, verstanden.

erhöhte Risikolage, die mit seiner Tätigkeit verbunden war, in Kauf genommen hat. Zudem ist gerade in den Fällen der Ablagerung unerkennbar gefährlicher Abfälle oder des Betreibens von Anlagen mit unerkennbar gefährlichen Auswirkungen der Umstand zu berücksichtigen, daß Abfallablagerer und Anlagenbetreiber aus ihrer Tätigkeit auch privaten Nutzen gezogen haben, m.a.W. eine erhöhte Risikolage für die Allgemeinheit geschaffen haben, um daraus privaten Gewinn zu ziehen.[167] Freilich könnte dem entgegengehalten werden, daß etwa eine (geordnete) Abfallablagerung eine im Interesse der Allgemeinheit nicht nur gewünschte, sondern sogar notwendige Aufgabe darstellt. Dieser Umstand vermag aber an der primär privatnützigen Ausrichtung der Übernahme einer solchen Tätigkeit nichts zu ändern. Es stellt sich daher die Frage, warum die Allgemeinheit die Kosten für die nachteiligen Folgen privatnützigen Wirtschaftens auf einem Gebiet mit erkennbar erhöhtem Risikopotential übernehmen sollte.[168] Den Kosten einer polizeirechtlichen Inanspruchnahme ist insoweit der Nutzen, der aus der risikobehafteten Tätigkeit gezogen wurde, gegenüberzustellen. Hier liegt es in der Tat nahe, sich auf den Standpunkt zu stellen, daß derjenige, der aus einem risikobehafteten Verhalten Gewinn gezogen hat, billigerweise auch für dessen schädliche Folgen einzustehen hat.[169] Es erscheint jedenfalls nicht geboten, die Tragung der nachteiligen Folgen privaten Wirtschaftens der Allgemeinheit zu überbürden[170] und insoweit aus der Kosten-Nutzen-Rechnung des Verursachers auszublenden.[171]

Gegen diese Argumentation könnten indes mehrere Gegenargumente ins Feld geführt werden. Das eine Argument, daß die Abfalldeponierung oder die industrielle Produktion als eine an sich sozial nützliche und erwünschte Tätigkeit und damit zumindest auch im öffentlichen Interesse erfolgt sei, wurde dabei bereits angesprochen. Daneben könnte auch die Auffassung vertreten werden, daß die Inkaufnahme eines erhöhten Risikopotentials häufig der Fortentwicklung von Verfahren und damit einem sozial erwünschten technischen Fortschritt dient und vielfach mit dem Ziel betrieben wird, ältere, bereits als gefährlich oder schädlich bekannte Verfahrensweisen abzulösen – und damit gerade im Interesse des Umweltschutzes erfolgt.[172] Ferner könnte argumentiert werden, das Risiko, daß die Einsicht in die ökologischen Zusammenhänge noch ungenügend ist, könne sachgerecht nur der Allgemeinheit auferlegt werden, jedenfalls solange die Schädlichkeit erst durch die vom Staat

---

167 Ähnlich *Kloepfer*, UTR 1, S. 30 f.; *ders.*, NuR 1987, 7, (12); *ders.*, Rechtsprobleme der Altlastensanierung, S. 66 ff.; *Pietzcker*, JuS 1986, 719, (721); *Brandt / Dieckmann / Wagner*, Altlasten und Abfallproduzentenhaftung, S. 42, 46.

168 *Kloepfer*, UTR 1, S. 30; *ders.*, NuR 1987, 7, (12).

169 *Kloepfer*, UTR 1, S. 31; *ders.*, NuR 1987, 7, (12).

170 *Kloepfer*, Rechtsprobleme der Altlastensanierung, S. 69 f.

171 *Brandt / Dieckmann / Wagner*, Altlasten und Abfallproduzentenhaftung, S. 42, 46.

172 *Kloepfer*, Rechtsprobleme der Altlastensanierung, S. 66 f.

finanzierten und damit zugleich gelenkten Forschungen erkennbar wird.[173] Endlich könnte ins Feld geführt werden, daß die Industrie kein verselbständigter Teil der Gesellschaft, sondern integraler Bestandteil der gesellschaftlichen Entwicklung sei.[174] Nicht nur die Industrie, könnte argumentiert werden, sondern alle Bürger hätten durch höheren Wohlstand von der Industrialisierung profitiert und – möglicherweise unbewußt – Risiken in Kauf genommen.[175] Neben dieser tragenden Rolle der Industrie in der gesellschaftlichen Prosperitätsentwicklung müsse aber auch in Rechnung gestellt werden, daß ein erheblicher Teil des privaten Nutzens über das Steueraufkommen der Allgemeinheit zugute gekommen sei.[176]

Indes vermögen alle diese Argumente keine einleuchtende Begründung dafür zu liefern, warum der Allgemeinheit die nachteiligen finanziellen Folgen unternehmerischen Handelns überbürdet werden sollen. Das Argument, daß derjenige, der (auch) von der industriellen Entwicklung profitiert habe, nunmehr auch an der Risiko- bzw. Lastenverteilung zu beteiligen sei, trägt eine Einschränkung der an sich gegebenen Verursacherhaftung jedenfalls soweit nicht, wie diese sich nicht als willkürlich darstellt. Bei der Zurechnung von Gefahren, deren Entstehen auf die Inkaufnahme einer erkennbar erhöhten Risikolage beruhen, kann indes von Willkür nicht gesprochen werden.[177] Denjenigen, der aus einem Verhalten Vorteile gezogen hat, auch für dessen Nachteile einstehen zu lassen, stellt sich nicht als unbilliger Willkürakt dar.[178] Wollte man die Kosten für die Beseitigung (zunächst) unerkennbar verursachter Gefahren auch in den Fällen der Allgemeinheit überbürden, in denen zwar nicht die Gefahrverursachung als solche, wohl aber das mit einem Verhalten verbundene erhöhte Risikopotential erkennbar war, so hieße dies im Ergebnis nichts anderes, als daß die Allgemeinheit insoweit für das risikobehaftete Verhalten des einzelnen mit verantwortlich gemacht wird. Eine solche Mitverantwortlichkeit der Allgemeinheit bzw. des Staates für Gefährdungen, die ihren Ursprung in privatem Verhalten haben, ist bislang nur für wenige Bereiche, etwa den des Atomrechts anerkannt worden[179], und setzt mindestens voraus, daß der Staat auf Ausmaß und Ausgestaltung der privaten Tätigkeit, sei es durch die Festsetzung der Voraussetzungen, sei es durch Kontrolle einen bestimmenden Einfluß hat. Demgegenüber wird eine im wesentlichen passive

---

173 *Medicus,* JZ 1986, 778, (783).

174 *Meller,* Industrielle Antworten auf die Altlasten-Diskussion, in: Abfallwirtschaft contra Abfallrecht, IWL-Forum 85-II, S. 69.

175 *Meller,* Industrielle Antworten auf die Altlasten-Diskussion, in: Abfallwirtschaft contra Abfallrecht, IWL-Forum 85-II, S. 68.

176 In diesem Sinne etwa *Schuster,* Diskussionsbeitrag, UTR 1, S. 109 f.; vgl. auch *Kloepfer,* Rechtsprobleme der Altlastensanierung, S. 67 ff.

177 Anders aber *Schuster,* Diskussionsbeitrag, UTR 1, S. 109, (110).

178 *Kloepfer,* UTR 1, S. 31; *ders.,* NuR 1987, 7, (11 f.).

179 *BVerfGE* 49, 89, (127 ff.); 53, 30, (58); *OVG Münster,* DVBl 1988, 155.

Haltung des Staates gegenüber den Aktivitäten Privater nicht ausreichen können. Neuerdings wird allerdings insbesondere im Bereich des Immissionsschutzrechts die These diskutiert, daß der Staat, indem er das Maß der rechtlich erlaubten Immissionen festlegt, nicht nur die Freiheit der Emittenten und Anlagenbetreiber, sondern zugleich die Grundrechte der Immissionsbetroffenen einschränke und sich folglich die von den privaten Anlagenbetreibern verursachten Immissionen auch dann zurechnen lassen müsse, wenn sich die schädlichen Wirkungen nicht voraussehen ließen.[180] Abgesehen davon, daß dieser Ansatz nicht davon ablenken kann, daß der genehmigende Staat nicht der unmittelbare Verursacher der genehmigten Umweltbelastung ist[181], ist ihm auch entgegengehalten worden, er impliziere die generelle Aufhebung der Unterscheidung von Handeln und Unterlassen und vereinfache damit in unzulässiger Weise bisher rechtlich relevante Differenzierungen, die einen sachgerechten Interessenausgleich ermöglichen sollen. Rechtsbeziehungen entstünden nicht von selbst, sondern nur dann, wenn dies rechtlich beabsichtigt werde.[182] Es sind indes erhebliche Zweifel daran angebracht, daß der Staat dadurch, daß er ein riskantes Verhalten zuläßt, die Verantwortung für aus dem Verhalten resultierende zunächst unerkennbare Gefahren übernehmen will. Eher ist anzunehmen, daß der Staat ein derartiges Verhalten nur in Verbindung mit einer entsprechenden Risikozuweisung an den Handelnden hinnimmt.[183] Dafür spricht auch die Überlegung, daß eine solche Risikozuweisung beim Adressaten zu verstärkten Bemühungen der Risikominimierung führt[184], während umgekehrtenfalls ein erhebliches Interesse an einem Stillstand des Erkenntnisstandes bestünde.

Ein Einstehen der Allgemeinheit für nachteilige Folgen eines in erster Linie privatnützigen risikobehafteten Verhaltens kann auch nicht deshalb gefordert werden, weil dieses der Allgemeinheit zum Teil über das Steueraufkommen wieder zugute komme[185], denn die Steuern stellen, worauf *Kloepfer* mit Recht hingewiesen hat, keine Abgeltung für eine Risikoverursachung, d.h. keine Risikoprämie dar.[186] Keine andere Beurteilung vermag schließlich das Argument zu rechtfertigen, das Risiko, daß die Einsicht in die ökologischen Zusammenhänge noch ungenügend ist, könne sachgerecht jedenfalls soweit

---

180 *Murswiek,* Die staatliche Verantwortung für die Risiken der Technik, S. 91 ff.; *ders.,* NVwZ 1986, 611, (613); *ders.,* WiVerw 1986, 179, (204).

181 *Kloepfer,* DVBl 1988, 305, (309).

182 *R. Schmidt,* ZRP 1987, 345, (347); tendenziell ablehnend wohl auch *BGH,* NJW 1988, 478, (479).

183 *Kloepfer,* Rechtsprobleme der Altlastensanierung, S. 67; *ders.,* UTR 1, S. 30; *ders.,* NuR 1987, 7, (11).

184 *Kloepfer,* Rechtsprobleme der Altlastensanierung, S. 67.

185 In diese Richtung *Schuster,* Diskussionsbeitrag, UTR 1, S. 109 f.

186 *Kloepfer,* Rechtsprobleme der Altlastensanierung, S. 67; *ders.,* UTR 1, S. 30 f.; *ders.,* NuR 1987, 7, (12).

nur der Allgemeinheit auferlegt werden, als die Schädlichkeit erst durch die vom Staat finanzierte und damit gelenkte Forschung erkennbar werde.[187] Hiergegen spricht nicht nur, daß es wenig überzeugend erscheint, die Verantwortlichkeit für eine Gefahr oder Störung nicht davon abhängig zu machen, wer sie *verursacht* hat, sondern davon, wer sie *entdeckt* hat. Diese Auffassung würde auch dazu führen, daß weder der einzelne noch die Allgemeinheit ein Interesse am Erkenntnisfortschritt und damit an der Risikominimierung haben könnten: Der einzelne nicht, weil er, die Auffassung konsequent zugrundegelegt, zumindest für die Gefahren, die durch auf eigenen Forschungsergebnissen beruhende Erkenntnisfortschritte erkennbar geworden sind einzustehen hätte, die Allgemeinheit nicht, weil sie für jede durch staatlich finanzierte Forschung erkennbar gewordene Gefahr in Haftung genommen würde.

c) Resümee

Es erscheint nach alldem auch unter Gerechtigkeitserwägungen geboten, die Verursacher zunächst unerkennbarer Gefahren als Verhaltensverantwortliche heranzuziehen, wenn die Gefahr auf eine Tätigkeit zurückgeht, die erkennbar mit einem erhöhten Risikopotential verbunden war. Daß damit in den Altlastenfällen auch bei Zugrundelegung des Adäquanzgedankens im hier verstandenen Sinne regelmäßig keine Einschränkung der Zurechnung erfolgen dürfte, kann wegen der vorstehenden Erwägungen auch im Ergebnis nicht beanstandet werden.

---

[187] *Medicus,* JZ 1986, 778, (783).

Zusammenfassung der Ergebnisse

1. Die Schwierigkeit, auf Rechtsfragen, die im Blick auf die Sanierung von Altlasten auftreten, eine eindeutige Antwort zu geben, erweist abermals, daß die „Störerproblematik" im Polizei- und Ordnungsrecht noch nicht befriedigend gelöst ist. Eine der Fragen, die durch die „Renaissance" des Polizei- und Ordnungsrechts auf dem Gebiet der Altlastensanierung in den Vordergrund getreten ist, ist die nach dem Einfluß des wissenschaftlich-technischen Erkenntnisstandes oder – allgemeiner gesprochen – der Gefahrenerkennbarkeit bzw. -unerkennbarkeit auf die Bestimmung des polizeirechtlich Verhaltensverantwortlichen.

2. Im Gegensatz zur „tatsächlichen" Gefahr, die unabhängig von ihrer Erkennbarkeit existiert, setzt der polizeirechtliche Gefahrbegriff Erkennbarkeit voraus, weil die hiernach erforderlich Prognoseentscheidung über die Wahrscheinlichkeit des Schadenseintrittes nur aufgrund erkennbarer Tatsachen erfolgen kann. Damit ist aber die Antwort auf die Frage nach dem Einfluß der Gefahrenerkennbarkeit auf die polizeirechtliche Verhaltenszurechnung nicht a limine praejudiziert. Maßgeblich ist insoweit alleine der – vom Gefahrbegriff zu unterscheidende – polizeirechtliche Verursacherbegriff.

3. Entgegen anderslautender Auffassung verstößt die Berücksichtigung eines gewandelten Erkenntnisstandes bei der Zurechnung einer Gefahr nicht gegen das Verbot der Rückwirkung belastender Eingriffsgesetze. Das Fortschreiten des Erkenntnisstandes stellt nicht eine Änderung der Sach- oder Rechtslage dar, sondern ermöglicht lediglich eine neue Subsumtion eines feststehenden Sachverhaltes unter eine bestehende Norm. Dies entspricht dem Auftrag der Generalklausel, die im Gesetzestatbestand angelegte Lösung jeweils für Gegenwart und Einzelfall zu entwikkeln. Ein Kontinuitätsgebot des Inhaltes, daß die Polizei an eine einmal getroffene Bewertung auch im Lichte eines gewandelten Erkenntnisstandes gebunden wäre, gibt es demgegenüber nicht.

4. Weder die in der polizeirechtlichen Literatur und Judikatur herrschende Unmittelbarkeitslehre noch die offenbar im Vordringen befindliche Theorie von der Zurechnung nach Pflichtwidrigkeit und Risikosphären sind geeignet, eine eindeutige Antwort auf die aufgeworfene Frage zu liefern. Beide Lehren sind sowohl Interpretationen zugänglich, die alleine auf die objektiv gegebene Situation abstellen, von der Gefahrenerkennbarkeit

mithin abstrahieren, wie auch anderen Auslegungen, die – in unterschiedlichem Umfang – kognitive Elemente in den Verursacherbegriff inkorporieren.

5. Zahlreiche, insbesondere im Zusammenhang mit der Altlastensanierung laut gewordene Stimmen konstatieren eine zunehmende Wandlung der Polizeipflicht von einer Gefahrenbeseitigungspflicht zu einer Kostentragungspflicht mit wachsender Dimension, die die polizeirechtliche Verhaltensverantwortlichkeit im Ergebnis der zivilrechtlichen Schadensersatzpflicht annähert. Von diesem Ausgangspunkt aus werden verschiedene Vorschläge zur Einschränkung der polizeirechtlichen Verhaltenshaftung vertreten. Dabei läßt sich unter den Befürwortern einer solchen Restriktion unterscheiden zwischen solchen, die eine Einschränkung auf der „Sekundärebene“ hinsichtlich der Rechtsfolgen vornehmen wollen, und solchen, nach deren Auffassung der „primäre“ Verhaltenshaftungstatbestand einzuschränken ist. Eine Untersuchung der vorliegenden Restriktionsansätze erweist indes, daß sie durchgreifenden Bedenken begegnen.

6. Keinen brauchbaren Ansatz liefert der bislang vornehmlich im Bereich der Zustandshaftung diskutierte Gedanke, in außergewöhnlichen Fällen und beim Vorliegen einer besonderen „Opferposition“ des Pflichtigen, den Umfang der Polizeipflicht auf eine reine Duldungspflicht zu begrenzen, eine darüber hinaus gehende Kostentragungspflicht hingegen der Allgemeinheit zu überbürden. Dieser Gedanke begegnet bereits grundsätzlichen Bedenken, einerseits wegen der tatbestandlichen Unschärfe der Kautelen, andererseits wegen der Folgen, die ein Auseinanderreißen der Korrespondenz zwischen Störereigenschaft und Kostentragungspflicht mit sich bringen würde. Für den Bereich der Verhaltenshaftung ist der Ansatz aber bereits deshalb nicht übernehmbar, weil von einer „Opferposition“ des (Verhaltens-)Verursachers schwerlich gesprochen werden kann und weil die faktisch mit der Befreiung von der Kostentragungspflicht verbundene Entbindung von der Gefahr- oder Störungsbeseitigungspflicht auf die Kreation eines Polizeipflichtigen ohne (durchsetzbare) Pflichten hinausliefe.

7. Auch der in die Diskussion gebrachte Vorschlag, als unbillig empfundene Folgen einer polizeilichen Inanspruchnahme bei unerkennbarer Gefahrverursachung auf der Zumutbarkeitsebene zu begegnen, vermag nicht zu überzeugen. Ist bereits vom Grundsatz her streitig, ob die finanzielle Leistungsfähigkeit des Pflichtigen in die Zumutbarkeitserwägungen mit einzustellen ist, so ist jedenfalls festzuhalten, daß über die Zumutbarkeit der polizeilichen Inanspruchnahme streng einzelfallorientiert zu entscheiden ist. Als generalisierendes Restriktionskriterium scheiden Erwägungen auf der Zumutbarkeitsebene mithin aus.

8. Keine Zustimmung kann auch der Versuch finden, zwischen dem Verhalten einer Person einerseits und dem durch das Verhalten verursachten Zustand andererseits zu unterscheiden und diesen aus der polizeirechtlichen Verhaltensverantwortlichkeit auszuklammern. Entgegen der hierfür vorgetragenen Argumente ist diese Lösung durchaus nicht zwingend durch die Formulierung der Verhaltenshaftungstatbestände vorgegeben. Auch würde diese Lösung sich in Widerspruch zu der bisher einhellig in Literatur und Rechtsprechung vertretenen anderslautenden Auffassung setzen. Endlich aber würde diese Lösung eine unangemessene Ausweitung der Zustandsverantwortlichkeit mit sich bringen, weil der Handelnde etwa auch bei vorsätzlicher Herbeiführung eines polizeiwidrigen Zustandes polizeirechtlich nicht haftbar zu machen wäre.

9. Durchgreifenden Bedenken begegnet endlich auch der Vorschlag, in den Fällen, in denen die Gefahr- oder Störungsbeseitigungspflicht als Kostentragungspflicht mit schadensersatzgleichem Charakter besteht, als punktuelles Zusatzerfordernis die objektive Vorhersehbarkeit der speziellen polizeiwidrigen Schadensfolgen zu fordern. Sind schon am Ausgangspunkt dieser Auffassung, die Kostentragungspflicht infolge polizeilicher Inanspruchnahme könne schadensersatz*gleichen* Charakter annehmen, Zweifel anzumelden, so kann jedenfalls die Differenzierung der tatbestandlichen Voraussetzungen je nach Kostenhöhe, m.a.W. das Abhängigmachen des Verursachungstatbestandes von der zu erwartenden Rechtsfolge, nicht überzeugen. Dies umso mehr, als der Vorschlag mit einer „gewissen Steuerungsfunktion der gesetzlichen Polizeipflicht" begründet wird, denn diesen Gedanken konsequent weitergedacht, hieße dies einer materiellen Polizeipflicht den Inhalt zu geben, keine Gefahren zu verursachen, deren Beseitigung Kosten „schadensersatzgleicher" Dimension annehmen könnte. Eine so verstandene Polizeipflicht ist dem Polizeirecht indes offensichtlich fremd. Daneben ergeben sich aber auch Bedenken wegen der Unbestimmtheit der Voraussetzungen, unter denen nach dieser Auffassung die Haftungsreduktion Platz greifen soll. Dies gilt insbesondere für die Kautele der „objektiven Vorhersehbarkeit" bzw. Gefahrenerkennbarkeit. Eine Untersuchung der Begriffe „Gefahrenerkennbarkeit" und „naturwissenschaftlich-technischer Erkenntnisstand" erweist nämlich, daß auch diese unterschiedlichen Interpretationen zugänglich sind. Fragen werfen hier insbesondere der geeignete Vergleichsmaßstab und der zu fordernde Wahrscheinlichkeitsgrad des Schadenseintrittes auf. Demgegenüber stehen als „Eckdaten" lediglich fest, daß die Gefahr ex ante, also zum Zeitpunkt der sie verursachenden Handlung erkennbar sein soll, und daß es im verschuldensunabhängigen Polizeirecht jedenfalls nicht auf subjektive Erkennbarkeit im Einzelfall ankommen kann. Fraglich ist desweiteren, wie nach dieser Auffassung die „Grenze zur schadensersatzgleichen Störungsbeseitigung" bestimmt werden soll.

10. Insgesamt erweisen sich die Versuche, von einer rechtsfolgenorientierten Betrachtungsweise aus zu einer Restriktion des polizeirechtlichen Verursachungstatbestandes zu kommen, als verfehlt. Sie berücksichtigen nicht hinreichend, daß die Polizeigesetze für einen einheitlichen Tatbestand (Verursachung einer Gefahr oder Störung) eine einheitliche Rechtsfolge (Verpflichtung zur Gefahren- oder Störungsbeseitigung) festsetzen, ohne weiter nach der konkreten Belastung für den Betroffenen zu differenzieren. Die Frage nach dem Einfluß der Gefahrenerkennbarkeit auf die Bestimmung des polizeirechtlich Verhaltensverantwortlichen hat demgemäß am Verursachungstatbestand und dem ihm zugrundeliegenden Wertungen anzusetzen.

11. Soweit in der Literatur von dem Bestehen einer „materiellen Polizeipflicht" des Inhalts ausgegangen wird, daß jeder verpflichtet sei, sein Verhalten so einzurichten, daß daraus keine Gefahren oder Störungen für die öffentliche Sicherheit oder Ordnung entstehen, impliziert dies, daß diese Verpflichtung nur so weit reichen kann, als der Inhalt dieser „Nichtstörungspflicht" prinzipiell erkennbar ist. Soweit das Bestehen einer allgemeinen Nichtstörungspflicht generell abgelehnt oder der „materiellen Polizeipflicht" der Inhalt gegeben wird, entstandene Gefahren zu beseitigen, geschieht dies vor dem Hintergrund einer kritisierten zu großen Unbestimmtheit der Nichtstörungspflicht. Obwohl die zuletzt genannten Auffassungen keine direkte Aussage über das Erfordernis der Gefahrenerkennbarkeit enthalten, kann daher davon ausgegangen werden, daß auch ihnen das Postulat der prinzipiellen Erkennbarkeit des gefahrverursachenden Charakters eines Verhaltens gemein ist.

12. Soweit in der Literatur der Grund für die polizeirechtliche Verantwortlichkeit in der Zurechnung von Unrecht einerseits und in der Zurechnung von Risiken andererseits gefunden wird, setzt zunächst die Zurechnung von Unrecht die Erkennbarkeit der Anforderungen, die die Rechtsordnung an den einzelnen stellt voraus, deren Nichtbefolgung den Zurechnungsgrund bildet. Aber auch für den verhältnismäßig weit gefaßten Zurechnungsgrund „Zurechnung von Risiken" wird, wenn er nicht gänzlich konturenlos werden soll, zu fordern sein, daß eine polizeirechtliche Verantwortlichkeit dann nicht mehr gerechtfertigt werden kann, wenn das Schadensrisiko außerhalb jeder Erkennbarkeit liegt.

13. Das umweltrechtliche „Verursacherprinzip" strebt, gleich in welcher Systemvariante es vertreten wird, die Vermeidung von Umweltbeeinträchtigungen durch die Steuerung des Verhaltens von Wirtschaftsubjekten an. Diese setzt aber voraus, daß das angestrebte Verhalten bzw. die drohenden Kosten für die Inanspruchnahme der Umwelt bekannt oder jedenfalls erkennbar sind. Zwar sind das umweltrechtliche Verursacherprinzip und die polizeirechtlichen Zurechnungsprinzipien voneinander zu

trennen, dennoch bleibt festzuhalten, daß sie in der Frage der prinzipiellen Erkennbarkeit des gefahrverursachenden Charakters eines Verhaltens zu deckungsgleichen Ergebnissen kommen.

14. Der Forderung nach prinzipieller Gefahrenerkennbarkeit scheint indes der Satz zwingend entgegenzustehen, das Polizeirecht wolle nicht ahnden oder zur Verantwortung ziehen, sondern ziele ausschließlich auf objektive Umstände ab. Diese Gegenüberstellung beruht indes vielfach auf einer vorschnellen Gleichsetzung von objektiver Gefahrenerkennbarkeit mit einem – dem Polizeirecht fremden – Verschulden. Beides ist indes voneinander zu trennen. Im Gegenteil wurde in der früher herrschenden Literatur gerade in Abgrenzung und als Ausgleich zur gesetzgeberischen Absage an das Verschuldensprinzip im Polizeirecht dem Verursachungstatbestand der Adäquanzgedanke und damit das Postulat der objektiven Vorhersehbarkeit der Gefahr zugrundegelegt. Soweit das polizeirechtliche Schrifttum der Adäquanzlehre folgte, schloß es sich überwiegend der von *Traeger* entwickelten Formulierung an. Nach ihr ist „eine sich als conditio sine qua non eines bestimmten Erfolges erweisende Handlung oder sonstige Begebenheit (...) dann adäquate Bedingung eines Erfolges, wenn sie ein generell begünstigender Umstand eines Erfolges von der Art des eingetretenen ist, d. h. wenn sie die objektive Möglichkeit eines Erfolges von der Art des eingetretenen generell in nicht unerheblicher Weise erhöht".

15. Gegen die Geltung der Adäquanztheorie im Polizeirecht wird eingewandt, daß sich bei ihrer Zugrundelegung der Kreis der polizeirechtlich Verantwortlichen in unvertretbarer Weise ausdehne, weil sie den Gesichtspunkt der Gefahrengrenze nicht berücksichtige und in den Störerbegriff auch Verhalten mit einbeziehe, die als solche zulässig und von der Rechtsordnung gedeckt seien. Dieser Kritik ist zuzugeben, daß das Adäquanzkriterium als haftungs*begründendes* Merkmal für das Polizeirecht ungeeignet ist. Damit ist aber noch nichts über die Qualität des Adäquanzkriteriums als haftungs*eingrenzendes* Merkmal ausgesagt.

16. Gegen die Berücksichtigung des Adäquanzkriteriums im Polizeirecht wird weiter vorgetragen, es enge den Kreis der polizeirechtlich Verantwortlichen in unvertretbarer Weise ein. Soweit diese Auffassung damit begründet wird, die Polizei sei andernfalls gerade in Ausnahmelagen, in denen sich ihre Funktion besonders bewähren müsse, machtlos, liegt hierin eine unzulässige Verquickung der – voneinander zu trennenden – Vorschriften über die polizeiliche Aufgabe der Gefahrenabwehr einerseits und der polizeipflichtigen Personen andererseits. Mehr Gewicht hat demgegenüber das Argument, daß es nicht darauf ankommen kann, ob ein Verhalten generell geeignet oder ungeeignet ist, eine Gefahr herbeizuführen, sondern daß insoweit auf die konkrete Eignung des Verhaltens abzustellen ist.

17. Gleichwohl ist auch mit dieser Argumentation die Unbrauchbarkeit des Adäquanzkriteriums im Polizeirecht nicht nachgewiesen. Sie berücksichtigt nicht hinreichend den Gesichtspunkt der Generalisierung des vorhersehbaren Erfolges, den die Rechtsprechung unter weitgehendem Beifall aus der Literatur entwickelt hat. Maßgeblich ist demnach nicht die Adäquanz und damit Vorhersehbarkeit des konkreten Erfolges, sondern die Erkennbarkeit eines mit einem Verhalten generell verbundenen Gefahr*kreises.* Ausreichend ist m.a.W. die Verwirklichung eines handlungstypischen erkennbaren *Risikos.* Zur Bejahung der Adäquanz äußerst ungewöhnlicher Schäden genügt demnach die abstrakte Bedrohlichkeit eines Verhaltens. Je gefährlicher ein Verhalten generell ist und je weniger die Risiken abschließend überblickt werden können, umso eher muß damit gerechnet werden, daß es trotz aller dem Stand der Technik entsprechenden Sicherheitsvorkehrungen Schäden hervorruft, und zwar gerade durch im Einzelfall unwahrscheinliche Schadensabläufe.

18. Mit diesem Inhalt läßt sich das Adäquanzkriterium als einschränkende Bedingung der polizeirechtlichen Inanspruchnahme in das Polizeirecht übernehmen. Es kommt einerseits dem Postulat der prinzipiellen Erkennbarkeit der Verhaltensanforderungen, die die Rechtsordnung an den Bürger stellt, nach, ohne andererseits den Umfang der polizeirechtlichen Verantwortlichkeit über Gebühr einzuschränken. Im Ergebnis gleicht die Berücksichtigung des Adäquanzerfordernisses in der vorgeschlagenen Form dem Postulat der Vertreter der Theorie von der Zurechnung nach Pflichtwidrigkeit und Risikosphäre, die ebenfalls die Erkennbarkeit des mit einem Verhalten verbundenen Risikopotentials, nicht aber Erkennbarkeit der konkreten Gefahrverursachung im Einzelfall fordern.

19. Das Moment der Generalisierung des vorhersehbaren Erfolges ist der Präzisierung durch Wertungen im Einzelfall zugänglich und bedürftig. Allgemeingültige rechtliche Kriterien hierfür dürften sich angesichts der Unüberschaubarkeit und Vielgestaltigkeit der Einzelfälle kaum finden lassen. Gleichwohl trifft der Vorwurf zu großer Unbestimmtheit bzw. mangelnder Determinationskraft des Adäquanzgedankens nicht zu, wenn in Rechnung gestellt wird, daß die Schwierigkeit der Festlegung von Wertungskriterien weniger ein Problem der Generalisierung des adäquaten Erfolges bei der Postulierung als haftungsbegrenzendes Korrektiv bei der polizeirechtlichen Störerbestimmung, als vielmehr ein generelles Problem der polizeirechtlichen Zurechnung ist.

20. In den Altlastenfällen vermag diese Restriktion der polizeirechtlichen Verantwortlichkeit regelmäßig keine Haftungsentlastung herbeizuführen, da die Erkennbarkeit eines erhöhten Risikopotentials bei der Deponierung von Abfällen bzw. dem Betrieb von Anlagen in aller Regel vorgelegen haben dürfte. Insofern wird gerade für die Fälle, in denen die Kosten-

belastung infolge polizeilicher Inanspruchnahme besonders hoch ist, keine Einschränkung der Verhaltenshaftung erreicht. Indes ist der Kostentragungsaspekt nicht isoliert zu betrachten. In die Überlegungen mit einzubeziehen ist der Umstand, daß der Verursacher die erhöhte Risikolage aus zumindest primär privatnützigen Zwecken in Kauf genommen hat. Eine Abwägung aller Umstände ergibt, daß keine zwingenden Gründe ersichtlich sind, die Tragung nachteiliger Folgen privaten Wirtschaftens insoweit der Allgemeinheit zu überbürden. Daß damit in den Altlastenfällen auch bei Zugrundelegung des Adäquanzgedankens im hier vorgeschlagenen Sinne regelmäßig keine Einschränkung der Zurechnung erfolgen dürfte, kann mithin auch im Ergebnis nicht beanstandet werden.

Literaturverzeichnis

Arndt, Wolfgang: Wirtschaftsverwaltungsrecht (unter Berücksichtigung ausgewählter Bereiche des Umweltschutzrechts), in: Udo Steiner (Hrsg.), Besonderes Verwaltungsrecht, 2. Aufl., Heidelberg 1986, S. 633

Bachof, Otto: Diskussionsbeitrag, VVDStRL 35 (1977), 348

Barkowski, Dietmar / *Günther,* Petra / *Hinz,* Eckart / *Röchert,* Ralf: Altlasten. Handbuch zur Ermittlung und Abwehr von Gefahren durch kontaminierte Standorte, 1. Aufl., Karlsruhe 1987

Beckhoff, Dieter: Das Kausalitätsproblem im Polizeirecht, Diss. jur., Würzburg 1962

Bender, Bernd: Gefahrenabwehr und Risikovorsorge als Gegenstand nukleartechnischen Sicherheitsrechts, NJW 1979, 1425

Bender, Bernd / *Sparwasser,* Reinhard: Umweltrecht – Eine Einführung in das öffentliche Recht des Umweltschutzes, Heidelberg 1988

Bergmann, Lutz: Der Begriff des Störers nach Deutschem und Schweizerischem Polizeirecht, Diss. jur., Basel 1967

Berz, David R. / *Moench,* Christoph: Grundriß des US-Umweltrechtes aus Betreibersicht, IWL-Forum 86-II (Bd. 23), Köln 1986

Bettermann, Karl August: Urteilsanmerkung zu BVerwG, DVBl 1973, 374, DVBl 1973, 375

Beye, Friedrich Wilhelm: Zur Dogmatik polizeirechtlicher Verantwortlichkeit, Diss. jur., Mainz 1969

Bischoff, Peter: Das Problem der Rückwirkung bei einer Änderung der Rechtsprechung, Diss. jur., Münster 1980

Bock, Ludwig: Kausalität, Schuld und Rechtswidrigkeit im Polizeirecht, Tübinger Abhandlungen zum öffentlichen Recht, Heft 34, Stuttgart 1933

Bott, Pia: Die Verantwortlichkeit wegen des Verhaltens Dritter im allgemeinen Sicherheits- und Polizeirecht, Diss. jur., Würzburg 1986

Bracher, Christian-Dietrich: Gefahrenabwehr durch Private, Berlin 1987

Brandner, Thilo: Besorgniserregende Dimensionen – Das Heranziehen von Altlastenverursachern stößt auf rechtliche Hindernisse, MüllMagazin Nr. 1/88, S. 27

Brandt, Edmund: Rechtliche Aspekte der Finanzierung der Altlastensicherung, der landkreis 1986, 205

— Möglichkeiten der Finanzierung der Altlastensanierung, in: Dietrich Rosenkranz / Gerhard Einsele / Heinz-Michael Harres (Hrsg.), Bodenschutz, (Loseblattsammlung), Berlin, Stand Februar 1989, Kap. 0790, S. 1

Brandt, Edmund / *Lange,* Holger: Kostentragung bei der Altlastensanierung, UPR 1987, 11

Brandt, Edmund / *Dieckmann,* Martin / *Wagner,* Kersten: Altlasten und Abfallproduzentenhaftung, Düsseldorf 1988

Brandt, Edmund / *Schwarzer,* Stephan: Rechtsfragen der Bodensanierung – Verwaltungs- und finanzverfassungsrechtliche Aspekte des Altlastenproblems in Österreich und in der Bundesrepublik Deutschland, Wien 1988

Breuer, Rüdiger: Gefahrenabwehr und Risikovorsorge im Atomrecht – Zugleich ein Beitrag zum Streit um die Berstsicherung von Druckwasserreaktoren, DVBl 1978, 829

— Der maßgebende Zeitpunkt für die gerichtliche Kontrolle atom- und immissionsschutzrechtlicher Genehmigungen, DVBl 1981, 300

— Umweltschutzrecht, in: Ingo v. Münch (Hrsg.), Besonderes Verwaltungsrecht, 7. Aufl., Berlin, New York 1985, S. 535

— „Altlasten" als Bewährungsprobe der polizeilichen Gefahrenabwehr und des Umweltschutzes - OVG Münster, NVwZ 1985, 355, JuS 1986, 359

— Rechtsprobleme der Altlasten, NVwZ 1987, 751

— Umweltschutz und Gefahrenabwehr bei Anscheins- und Verdachtslagen, in: Gedächtnisschrift für Wolfgang Martens, hrsg. von Peter Selmer und Ingo v. Münch, Berlin, New York 1987

— Öffentliches und privates Wasserrecht, 2. Aufl., München 1987

Brüggemeier, Gert: Deliktsrecht, 1. Aufl., Baden-Baden 1986

Brüggemeier, Gert / *Reich,* Norbert: Die EG Produkthaftungsrichtlinie 1985 und ihr Verhältnis zur Produzentenhaftung nach § 823 Abs. 1 BGB, WM 1986, 149

v. Caemmerer, Ernst: Das Problem des Kausalzusammenhanges im Privatrecht, in: Gesammelte Schriften Bd. I, Tübingen 1968, S. 395

— Die Bedeutung des Schutzbereichs einer Rechtsnorm für die Geltendmachung von Schadensersatzansprüchen aus Verkehrsunfällen, DAR 1970, 283

Czeczatka, Sighart: Der Einfluß privatrechtlicher Rechtsverhältnisse auf Erlaß und Inhalt polizeilicher Hoheitsakte, Frankfurt a. M., Bern, Las Vegas, 1978

Cronauge, Ulrich: Altlasten – neue Lasten für die Gemeinden, Städte- und Gemeindebund 1987, 38

Deutsch, Erwin: Fahrlässigkeit und erforderliche Sorgfalt – eine privatrechtliche Untersuchung, Köln, Berlin, Bonn, München 1963

Diederichsen, Uwe: Die Verantwortlichkeit für Altlasten im Zivilrecht, in: Rüdiger Breuer / Michael Kloepfer / Peter Marburger / Meinhard Schröder, (Hrsg.), Altlasten und Umweltrecht, Umwelt- und Technikrecht (UTR) Bd. 1, Düsseldorf 1986, S. 117

— Verantwortlichkeit für Altlasten – Industrie als Störer?, BB 1988, 917

Dienes, Karsten / *Oligmüller,* Peter / *Rinne,* Jochem / *Schmidt,* Guido / *Strasen,* Rainer / *Zillmer,* Horst: Rechtliche Behandlung von Altlasten, RdE 1987, 86

Drews, Bill / *Wacke,* Gerhard / *Vogel,* Klaus / *Martens,* Wolfgang: Gefahrenabwehr – Allgemeines Polizeirecht (Ordnungsrecht) des Bundes und der Länder, 9. Aufl., Köln, Berlin, Bonn, München 1986

Dürig, Günter: Art. 2 des Grundgesetzes und die Generalermächtigung zu allgemeinpolizeilichen Maßnahmen, AöR 79 (1953), 57

Erbguth, Wilfried: Rechtssystematische Grundfragen des Umweltrechts, Berlin 1987

Erichsen, Hans Uwe: Der Schutz der Allgemeinheit und der individuellen Rechte durch die polizei- und ordnungsrechtlichen Handlungsvollmachten der Exekutive, VVDStRL 35 (1977), 172

Erler, Arnold: Maßnahmen der Gefahrenabwehr und verfassungsrechtliche Eigentumsgarantie, Berlin 1977

Ewringmann, Dieter: Stichwort: Verursacherprinzip, in: Handwörterbuch des Umweltrechts, Bd. 2, Berlin 1988, Sp. 1049

Exner, Helmut: Die polizeipflichtigen Personen nach preußischem Recht unter besonderer Berücksichtigung der juristischen Personen, Diss. jur., Breslau 1933

Fischerhof, Hans: Deutsches Atom- und Strahlenschutzrecht Bd. 1, 2. Aufl., Baden-Baden 1978

Franzen, Wilhelm: Lehrkommentar zum Polizeiverwaltungsgesetz, Bd. 1, Greifswald 1932

Friauf, Karl Heinrich: Zur Problematik des Rechtsgrundes und der Grenzen der polizeilichen Zustandshaftung, in: Verfassung, Verwaltung, Finanzen – Festschrift für Gerhard Wacke, Köln-Marienburg 1972, S. 293

— Polizei- und Ordnungsrecht, in: Ingo v. Münch, (Hrsg.), Besonderes Verwaltungsrecht, 7. Aufl., Berlin, New York 1985, S. 191

— Diskussionsbeitrag, VVDStRL 35 (1977), 350

Friedrichs, Karl: Das Polizeigesetz, Berlin 1911

Gantner, Volker: Verursachung und Zurechnung im Recht der Gefahrenabwehr, Diss. jur., Tübingen 1983

Gerhardt, Hans-Jürgen: Anscheinsgefahr, Gefahrenverdacht und Putativgefahr im Polizei- und Ordnungsrecht, Jura 1987, 521

Gerhardt, Kurt: Sanierung von Altlasten – Überlegungen zu einer aktuellen umweltpolitischen Aufgabe, BWVPr 1986, 270

Götz, Volkmar: Allgemeines Polizei- und Ordnungsrecht, 8. Aufl., Göttingen 1985

— Die Entwicklung des allgemeinen Polizei- und Ordnungsrechts (1984 - 1986), NVwZ 1987, 858

Hajen, Leonhard: Organisation und Finanzierung der Altlastensanierung, ZfU 1986, 349

Hansen-Dix, Frauke: Die Gefahr im Polizeirecht, im Ordnungsrecht und im Technischen Sicherheitsrecht, Köln, Berlin, Bonn, München 1982

Hennes, German: Der Verursachungsbegriff im Polizeirecht, Diss. jur., Heidelberg 1973

Herrmann, Nikolaus: Flächensanierung – Die Untersuchung und Sanierung von Untergrundverunreinigungen im öffentlichen Recht, Diss. jur. (m. s.), Hamburg 1988

— Verantwortlichkeit im allgemeinen Polizei- und Ordnungsrecht, DÖV 1987, 666

Hoffmann, Valentin: Der Verursacher im Polizeirecht und seine Verantwortlichkeit, Diss. jur., Hamburg 1949

Hoffmann-Riem, Wolfgang: „Anscheinsgefahr" und „Anscheinsverursachung" im Polizeirecht, in: Verfassung, Verwaltung, Finanzen – Festschrift für Gerhard Wacke, Köln-Marienburg 1972, S. 327

Hohmann, Harald: Einschränkungen der Kostentragungspflicht des Grundstückseigentümers beim Ablagern von Giftfässern, DVBl 1984, 997

Holtzmann, Ernst: Die polizeiliche Verantwortlichkeit für das Verhalten anderer, DVBl 1964, 420

— Grenzen der Handlungshaftung im Polizeirecht, DVBl 1965, 902

Huber, Ulrich: Fahrlässigkeit und Voraussehbarkeit, in: Festschrift für Hermann Heimpel, Bd. III, Göttingen 1972, S. 440

Hurst, Werner: Zur Problematik der polizeirechtlichen Handlungshaftung, AöR 83 (1958), 43

Jarass, Hans D.: Bundes-Immissionsschutzgesetz (Kommentar), München 1983

Jaschkowitz: Kausalität und Verschulden im Polizeirecht, DJZ 31 (1926), Sp. 893

Jellinek, Walter: Gesetz, Gesetzesanwendung und Zweckmäßigkeitserwägung, Tübingen 1913, Neudruck Aalen 1964

— Verwaltungsrecht, 3. Aufl. 1931, Nachdruck Bad Homburg v. d. Höhe, Berlin, Zürich 1966

— Kritische Bemerkungen zum Entwurf eines preußischen Polizeiverwaltungsgesetzes, RuPrVBl 52 (1931), 121

Jescheck, Hans-Heinrich: Lehrbuch des Strafrechts – Allgemeiner Teil, 3. Aufl., Berlin 1978

Kerstiens, Christian: Zur Kritik des Entwurfes eines Polizeiverwaltungsgesetzes, RuPrVBl 52 (1931), 310

— Das Polizeirecht der Gegenwart, Berlin 1936

Ketteler, Gerd / *Kippels,* Kurt: Umweltrecht, Stuttgart u. a. 1988

Keune, Heinz: Altlasten-Definition, MuA 1985, 384

Kickartz, Peter: Ermittlungsmaßnahmen zur Gefahrerforschung und einstweilige polizeiliche Anordnung, Gießen 1984

Kirchhof, Paul: Verwalten und Zeit, Hamburg 1975

— Grundfälle zum Polizeirecht III, JuS 1975, 237

— Sicherungsauftrag und Handlungsvollmachten der Polizei, DÖV 1976, 449

Kisker, Gunter: Vertrauensschutz im Verwaltungsrecht, VVDStRL 32 (1974), 149

Klaudat, Harald: Polizeipflicht und Kausalität, Diss. jur., Münster 1968

Klausener, Erich / *Kerstiens,* Christian / *Kempner,* Robert: Das Polizeiverwaltungsgesetz vom 1. Juni 1931 – Kommentar, Berlin 1932

Kloepfer, Michael: Vorwirkung von Gesetzen, München 1974

— Die Verantwortlichkeit für Altlasten im öffentlichen Recht – dargestellt am Problem der Deponiesanierung, in: Rüdiger Breuer / Michael Kloepfer / Peter Marburger / Meinhard Schröder, (Hrsg.), Altlasten und Umweltrecht, Umwelt- und Technikrecht (UTR) Bd. 1, Düsseldorf 1986, S. 17

— Die Verantwortlichkeit für Altlasten im öffentlichen Recht, NuR 1987, 7

— Altlasten als Rechtsproblem – Zur rechtlichen Verantwortlichkeit für die Sanierung von Deponien, Rechtsgutachten, ms., Trier 1985

— Rechtsprobleme der Altlastensanierung. Zur rechtlichen Verantwortlichkeit für die Sanierung kontaminierter Industriestandorte, Rechtsgutachten, ms., Trier 1986

— Umweltschutz und Verfassungsrecht – Zum Umweltschutz als Staatspflicht, DVBl 1988, 305

Kloepfer, Michael / *Brandner,* Thilo: Wassersport und Umweltschutz – Beschränkungsmöglichkeiten des Wassersports durch die Gemeingebrauchs- und Schiffahrtsvorschriften im Wasserrecht, NVwZ 1988, 115

Kloepfer, Michael / *Follmann,* Werner: Lizenzentgelt und Verfassungsrecht – Zur Verfassungsmäßigkeit des sog. Nordrhein-Westfalen-Modells für die Altlastensanierung, DÖV 1988, 573

Koch, Hans-Joachim: Bodensanierung nach dem Verursacherprinzip (unter Mitarbeit von Nikolaus Herrmann), Heidelberg 1985

— Gutachten über „Kostentragung bei der Sanierung kontaminierter Standorte am Beispiel der Hamburger Deponien ‚Georgswerder' und ‚Müggenburger Straße'"; abgedruckt in: Hans-Joachim Koch, Bodensanierung nach dem Verursacherprinzip, S. 25

Kopp, Ferdinand O.: Verwaltungsgerichtsordnung (Kommentar), 7. Aufl., München 1986

Kothe, Peter: Probleme der Altlastenbeseitigung, ZRP 1987, 399

Kötz, Hein: Deliktsrecht, 3. Aufl., Frankfurt a. M. 1983

Kowalzik, Wolfgang: Der Schutz von privaten und individuellen Rechten im allgemeinen Polizeirecht, Frankfurt a. M., Bern, New York, Paris 1987

Kramer, Ernst A.: Schutzgesetz und adäquate Kausalität, JZ 1976, 338

v. Kries, Johann: Über den Begriff der objectiven Möglichkeit und einige Anwendungen desselben, Vierteljahresschrift für wissenschaftliche Philosophie 12 (1888), 179

Kuhn, Thomas: Altlastenprobleme – dargestellt am Beispiel der leichtflüchtigen chlorierten Kohlenwasserstoffe (CKW), in: Produkt- und Produzentenhaftung – Handbuch für die betriebliche Praxis, Freiburg 1980 ff., Stand 1987, S. 3/213

Kunig, Philip / *Schwermer,* Gerfried / *Versteyl,* Ludger-Anselm: Abfallgesetz – Kommentar, 1. Aufl., München 1988

Larenz, Karl: Lehrbuch des Schuldrechts, Bd. I – Allgemeiner Teil, 14. Aufl, München 1987

Lauff, Hellmut P.: Diskussionsbeitrag, in: Rüdiger Breuer / Michael Kloepfer / Peter Marburger / Meinhard Schröder, (Hrsg.), Altlasten und Umweltrecht, Umwelt- und Technikrecht (UTR) Bd. 1, Düsseldorf 1986, S. 106

Lücke, Jörg: Die (Un-)Zumutbarkeit als allgemeine Grenze öffentlich-rechtlicher Pflichten des Bürgers, Berlin 1973

— Die Grundsätze der Verhältnismäßigkeit und der Zumutbarkeit, DÖV 1974, 769

Martens, Wolfgang: Immissionsschutzrecht und Polizeirecht, DVBl 1981, 597

Maunz, Theodor / *Dürig*, Günter: Grundgesetz-Kommentar, München, Stand 1987, (*Bearbeiter*, in: Maunz / Dürig)

Medicus, Dieter: Zivilrecht und Umweltschutz, JZ 1986, 778

— Diskussionsbeitrag, in: Rüdiger Breuer / Michael Kloepfer / Peter Marburger / Meinhard Schröder, (Hrsg.), Altlasten und Umweltrecht, Umwelt- und Technikrecht (UTR) Bd. 1, Düsseldorf 1986, S. 103

Meller, Eberhard: Industrielle Antworten auf die Altlasten-Diskussion, in: Abfallwirtschaft contra Abfallrecht, IWL-Forum 85-II (Bd. 22), Köln 1985, S. 65

Merk, Wilhelm: Deutsches Verwaltungsrecht, Bd. II, Berlin 1970

Meßerschmidt, Klaus: Umweltabgaben als Rechtsproblem, Berlin 1986

Moser, Elimar: Welche Verursachungstheorie gilt im Rahmen der polizeirechtlichen Handlungshaftung?, Diss. jur., Tübingen 1960

v. Müller: Der Verursachungsbegriff im Polizeirecht, RuPrVBl 55 (1934), 334

Münchner Kommentar zum Bürgerlichen Gesetzbuch, Bd. 2 – Schuldrecht Allgemeiner Teil, 2. Aufl, München 1985; (Zitierweise: MK-*Bearbeiter*)

Murswiek, Dietrich: Die staatliche Verantwortung für die Risiken der Technik, Berlin 1985

— Zur Bedeutung der grundrechtlichen Schutzpflichten für den Umweltschutz, WiVerw 1986, 179

— Entschädigung für immissionsbedingte Waldschäden, NVwZ 1986, 611

v. Mutius, Albert: Der „Störer" im Polizei- und Ordnungsrecht, Jura 1983, 298

Niemuth, Bettina: Die Sanierung von Altlasten nach dem Verursacherprinzip, DÖV 1988, 291

Ossenbühl, Fritz: Vertrauensschutz im sozialen Rechtsstaat, DÖV 1972, 25

— Diskussionsbeitrag, VVDStRL 35 (1977), 345

Papier, Hans-Jürgen: Altlasten und polizeirechtliche Störerhaftung, Köln, Berlin, Bonn, München 1985

— Die Verantwortlichkeit für Altlasten im öffentlichen Recht, in: Rüdiger Breuer / Michael Kloepfer / Peter Marburger / Meinhard Schröder, (Hrsg.), Altlasten und Umweltrecht, Umwelt- und Technikrecht (UTR) Bd. 1, Düsseldorf 1986, S. 59

— Diskussionsbeitrag, in: Rüdiger Breuer / Michael Kloepfer / Peter Marburger / Meinhard Schröder, (Hrsg.), Altlasten und Umweltrecht, Umwelt- und Technikrecht (UTR) Bd. 1, Düsseldorf 1986, S. 112

— Altlasten und polizeiliche Störerhaftung, DVBl 1985, 873

— Die Verantwortlichkeit für Altlasten im öffentlichen Recht, NVwZ 1986, 256

— Öffentlich-rechtliche Probleme der Altlastenbeseitigung, et 1987, 437

Peine, Franz-Joseph: Die Rechtsnachfolge in öffentlich-rechtliche Rechte und Pflichten, DVBl 1980, 941

— Bodenschutzrecht – Gesetzliches Instrumentarium und gesetzgeberischer Handlungsbedarf, in: Rüdiger Breuer / Michael Kloepfer / Peter Marburger / Meinhard Schröder, (Hrsg.), Jahrbuch des Umwelt- und Technikrechts 1987, Umwelt- und Technikrecht (UTR) Bd. 3, Düsseldorf 1987, S. 201

— Der Spielraum des Landesgesetzgebers im Abfallrecht – Aspekte der rechtlichen Zulässigkeit des Nordrhein-Westfalen-Modells "Sonderabfallentsorgung und Altlastensanierung", NWVBl 1988, 193

Pietzcker, Jost: Polizeiliche Störerbestimmung nach Pflichtwidrigkeit und Risikosphäre, DVBl 1984, 457

— Der praktische Fall – Öffentliches Recht: Die Altlast, JuS 1986, 719

Plischka, Hans Peter: Technisches Sicherheitsrecht, Berlin 1969

Prümm, Hans Paul: Polizeirecht, in: Richard Ley / Hans Paul Prümm (Hrsg.), Staats- und Verwaltungsrecht für Rheinland-Pfalz, Neuwied, Darmstadt 1986, S. 289

Radbruch, Gustav: Die Lehre von der adäquaten Verursachung, Berlin 1902

Rasch, Ernst: Allgemeines Polizei- und Ordnungsrecht, 2. Aufl., Köln, Berlin, Bonn, München 1982

— Polizei, Sicherheit und Ordnung, in: Handbuch der kommunalen Wissenschaft und Praxis, Bd. 4, 2. Aufl., Berlin, Heidelberg, New York 1983, S. 106

Redeker, Konrad / *v. Oertzen,* Hans-Joachim: Verwaltungsgerichtsordnung, 8. Aufl., Stuttgart, Berlin, Köln, München 1985

Rehbinder, Eckard: Politische und rechtliche Probleme des Verursacherprinzips, Berlin 1973

Reiff, Hermann / *Wöhrle,* Günther / *Wolf,* Heinz: Polizeigesetz für Baden-Württemberg – Kommentar, 3. Aufl., Stuttgart, München, Hannover 1984

Rengeling, Hans-Werner: Der Stand der Technik bei der Genehmigung umweltgefährdender Anlagen, Köln, Berlin, Bonn, München 1985

Rittstieg, Andreas: Die Konkretisierung technischer Standards im Anlagenrecht, Köln, Berlin, Bonn, München 1982

Rüberg, Burkhard: Vertrauensschutz gegenüber rückwirkender Rechtsprechungsänderung, Hamburg 1977

Rümelin, Max: Die Verwendung der Causalbegriffe im Straf- und Civilrecht, AcP 90 (1900), 171

Rupp, Hans Heinrich: Grundfragen der heutigen Verwaltungsrechtslehre, Tübingen 1965

Salzwedel, Jürgen: Zur Entwicklung des Polizeirechts in der Bundesrepublik Deutschland, in: Perspectivas del Derecho Publico en la segunda mitad del siglo XX, (Homenaje a Sayagues-Laso/Uruguay), Tomo IV, Madrid 1969, S. 1209

Sander, Horst P.: Zur Altlasten-Sanierung, BauR 1986, 657

Schacht, Jürgen: Diskussionsbeitrag, in: Rüdiger Breuer / Michael Kloepfer / Peter Marburger / Meinhard Schröder, (Hrsg.), Altlasten und Umweltrecht, Umwelt- und Technikrecht (UTR) Bd. 1, Düsseldorf 1986, S. 106

Scheer, Bernhard / *Trubel,* Hans: Preußisches Polizeiverwaltungsgesetz – Kommentar, 6. Aufl., Hamburg 1961

Scheier, Michael: Abfallrechtliche, wasserrechtliche und ordnungsrechtliche Probleme der Sanierung von „Altlasten" (stillgelegte Deponien, Halden, Munitionsrückstände aus dem 2. Weltkrieg usw.), ZfW 1984, 333

Schenke, Wolf-Rüdiger: Polizei- und Ordnungsrecht, in: Udo Steiner, (Hrsg.), Besonderes Verwaltungsrecht, 2. Aufl., Heidelberg 1986, S. 143

Schink, Alexander: Abfallrechtliche Probleme der Sanierung von Altlasten, DVBl 1985, 1149

— Wasserrechtliche Probleme der Sanierung von Altlasten, DVBl 1986, 161

Schmidt, Reiner: Einführung in das Umweltrecht (mit Helmut Müller), München 1987

— Staatshaftung für Waldschäden, ZRP 1987, 345

Schmidt am Busch, Birgit: Erläuterte Entscheidungen – Allgemeines Polizei- und Ordnungsrecht: Umweltschutzrecht: Altlasten, JA 1987, 576

Schmidt-Salzer, Joachim: Altlasten und Versicherungsrecht – Oder: Das übersehene Risiko, in: Rüdiger Breuer / Michael Kloepfer / Peter Marburger / Meinhard Schröder, (Hrsg.), Altlasten und Umweltrecht, Umwelt- und Technikrecht (UTR) Bd. 1, Düsseldorf 1986, S. 139

Schneider, Otmar: Grundsätzliche Überlegungen zur polizeilichen Gefahr, DVBl 1980, 406

Schnur, Roman: Probleme um den Störerbegriff im Polizeirecht, DVBl 1962, 1

Scholler, Heinrich / *Broß,* Siegfried: Grundzüge des Polizei- und Ordnungsrechts in der Bundesrepublik Deutschland, 3. Aufl., Heidelberg 1981

Scholz: Die polizeirechtliche Gefahr, VerwArch 27 (1919), 1

Scholz-Forni: Über die Verantwortlichkeit des Urhebers eines polizeiwidrigen Zustandes und über den Ausschluß der Verantwortlichkeit im Falle der Ausübung eines Rechts, VerwArch 30 (1925), 11

Schrader, Christian: Altlastensanierung nach dem Verursacherprinzip? – Rechtsfragen der Kostenübernahme vor dem Hintergrund der Legalisierungswirkung von Genehmigungen, Berlin 1988

Schultzenstein, Max: Polizeiwidriges Handeln und Vertretung, VerwArch 14 (1906), 1

Schuster, Peter: Diskussionsbeitrag, in: Rüdiger Breuer / Michael Kloepfer / Peter Marburger / Meinhard Schröder, (Hrsg.), Altlasten und Umweltrecht, Umwelt- und Technikrecht (UTR) Bd. 1, Düsseldorf 1986, S. 109

Schwachheim, Jürgen F.: Zum Gesamtschuldnerausgleich unter mehreren Störern, NVwZ 1988, 225

Scupin, Hans Ulrich: Das Polizeirecht in der Bundesrepublik Deutschland, in: Handbuch für die kommunale Wissenschaft und Praxis, Bd. II, 1. Aufl, Berlin, Göttingen, Heidelberg 1957, S. 606

Seibert, Max-Jürgen: Zum Zusammenhang von Ordnungs- und Kostentragungspflicht, DVBl 1985, 328

Selmer, Peter: Gedanken zur polizeirechtlichen Verhaltensverantwortlichkeit – Zugleich ein Beitrag zur angeblichen Dichotomie Störer / Nichtstörer, in: Gedächtnisschrift für Wolfgang Martens, hrsg. von Peter Selmer und Ingo v. Münch, Berlin, New York 1987, S. 483

— Diskussionsbeitrag, VVDStRL 35 (1977), 347

Semle, Erich: Die Frage der Polizeipflichtigkeit in Gesetzgebung, Rechtsprechung und Schrifttum Württembergs, Diss. jur., Tübingen 1935

Sendler, Horst: Abschied vom „latenten" Störer?, WiVerw 1977, 94

Soergel, Hans Th.: Kommentar zum Bürgerlichen Gesetzbuch, Bd. 2/1 (Schuldrecht I/1), 11. Aufl., Stuttgart, Berlin, Köln, Mainz, Stand 1986, (Zitierweise: Soergel-*Bearbeiter*)

Sonnen, Werner: Schuld und Haftung im Polizeirecht, Diss. jur., Heidelberg 1949

v. Staudinger, J.: Kommentar zum Bürgerlichen Gesetzbuch, Bd. II (§§ 243 – 254), 12. Aufl., Berlin, New York 1983, (Zitierweise: Staudinger-*Bearbeiter*)

Staupe, Jürgen: Rechtliche Aspekte der Altlastensanierung, DVBl 1988, 606

v. Stechow, Hans-Joachim: Beitrag zur Entwicklungsgeschichte der Polizeipflicht, Diss. jur., Berlin 1942

Stegmann, Rainer: Einführung in das Altlastenproblem aus naturwissenschaftlich-technischer Sicht, in: Rüdiger Breuer / Michael Kloepfer / Peter Marburger / Meinhard Schröder, (Hrsg.), Altlasten und Umweltrecht, Umwelt- und Technikrecht (UTR) Bd. 1, Düsseldorf 1986, S. 1

Stier-Somlo, Fritz: Polizeiverwaltungsgesetz, Berlin, Leipzig 1932

Stoll, Hans: Kausalzusammenhang und Normzweck im Deliktsrecht, Recht und Staat 364/365, Tübingen 1968

Storm, Peter Christoph: Stichwort: Altlasten, in: Handwörterbuch des Umweltrechts Bd. 1, Berlin 1986, Sp. 80

Striewe, Peter: Rechtsprobleme der Altlastenbeseitigung, ZfW 1986, 273

Taschner, Hans Claudius: Produkthaftung, München 1986

Traeger, Ludwig: Der Kausalbegriff im Straf- und Zivilrecht, Marburg 1904

Troitzsch, Wilhelm: Die Polizeipflicht in politisch bewegten Zeiten, Öffentlich-rechtliche Vorträge und Schriften, Heft 13, Königsberg/Pr. 1933

Tschira, Oskar / *Schmitt-Glaeser*, Walter: Verwaltungsprozeßrecht, 8. Aufl., Stuttgart, München, Hannover 1986

Ule, Carl Hermann: Verwaltungsprozeßrecht, 9. Aufl., München 1987

Ule, Carl Hermann / *Rasch,* Ernst: Allgemeines Polizei- und Ordnungsrecht, 1. Aufl., Köln, Berlin, Bonn; München 1965

Vieth, Willi: Rechtsgrundlagen der Polizei- und Ordnungspflicht, Berlin, 1974

Vogel, Klaus: Diskussionsbeitrag, VVDStRL 35 (1977), 351

Vollmuth, Joachim: Die Bestimmung der polizeirechtlich relevanten Ursache, Diss. jur., München 1972

— Unmittelbare und rechtswidrige Verursachung als Voraussetzungen der Störerhaftung im allgemeinen Polizei- und Ordnungsrecht, VerwArch 68 (1977), 45

Wacke, Gerhard: Der Begriff der Verursachung im Polizeirecht (Bedingungslehre), DÖV 1960, 93

Wagner, Heinz: Kommentar zum Polizeigesetz für Nordrhein-Westfalen (Reihe Alternativkommentare), Neuwied, Darmstadt, 1987, (Zitierweise: AK-PolG-*Wagner*)

Wagner, Wolfgang: Die Polizeipflicht von Hoheitsträgern, Berlin 1971

Weitnauer, Hermann: Zur Lehre vom adäquaten Kausalzusammenhang – Versuch einer Ehrenrettung, in: Revolution der Technik – Evolutionen des Rechts. Festgabe für Karl Oftinger, Zürich 1969, S. 321

Wirsig, Gerhard: Vielfältige Verfahren zur Beseitigung von Altlasten, F.A.Z. Nr. 80 v. 6. 4. 1988, S. 34

Wolf, Heinz: Polizeirecht und Altlasten – Zugleich eine Besprechung zu: Hans-Jürgen Papier, Altlasten und polizeirechtliche Störerhaftung, VBlBW 1988, 208

Wolff, Hans J. / *Bachof,* Otto: Verwaltungsrecht III, 4. Aufl., München 1978

Zeschmar-Lahl, Barbara: Sachstand Altlasten – Erfassung, Bewertung, Sanierung, Finanzierung, Freiburg 1986

FSC
www.fsc.org
MIX
Papier | Fördert gute Waldnutzung
FSC® C083411

Kolibri 360 GmbH
Ferdinand-Jühlke-Straße 7
99095 Erfurt, Deutschland
produktsicherheit@kolibri360.de

Druck:
CPI Druckdienstleistungen GmbH
im Auftrag der
Kolibri 360 GmbH
Ferdinand-Jühlke-Str. 7
99095 Erfurt